ALBRECHT GRALLE – DIE GRÜNE WIESE

Albrecht Gralle

# Die grüne Wiese

mit Illustrationen von

Herbert Grabowski

VERLAG HANS-WILHELM STIER
LÜDENSCHEID

CLAREN-DICHTUNG Nr. 15504
Verlag H.-W. Stier
Werdohler Str. 11, D-5880 Lüdenscheid

Die Original-Radierungen der in diesem Buch abgebildeten Illustrationen von **Herbert Grabowski** sind in unserem Verlag erhältlich. Alle Arbeitsvorgänge bei der Herstellung wurden vom Künstler selbst ausgeführt.

11 Original-Radierungen 1983, 3-farbig, auf Kupferdruck-Büttenpapier, limitierte Auflage, jeweils 80 Exemplare, alle numeriert und handsigniert, 42 x 30 cm, komplett 1.500 DM, einzeln 150 DM.

3. Auflage 1986

ISBN 3-922549-08-X


Printed in Germany 1986
Umschlaggestaltung: Herbert Grabowski/Birgit Kutschinski/
Michael Claren
Satz: Memra-Verlag, Neuwied
Gesamtherstellung: Mohndruck Graphische Betriebe GmbH,
Gütersloh

INHALT


Vorwort 6

Der Berg 9

Die grüne Wiese 33

Der Brieföffner 51

Das Geschenk 59

Die leise Stimme 75

Die Stadt 81

Der weiße Pullover 89

Das Zugabteil 99

## VORWORT

Menschen, die andere Menschen nach der Zusammenstellung ihres Bücherschranks beurteilen und beim ersten Besuch mit bedeutungsvollem ,,Oh" und ,,Aha" durch die Wohnung laufen, sind mir eigentlich unsympathisch. Umso mehr staunte ich über mich selbst, als ich Albrecht Gralle erst an jenem Abend näher kennenlernte, als wir nach dem Essen vor seinen Regalen standen und er mir mit hintersinnigem Lächeln ein paar englische Kinderbücher auslieh. Eins las ich noch in der Nacht, das zweite am nächsten Morgen in der Vorlesung, dann rief ich Albrecht Gralle an: Er hatte mich mit C. S. Lewis bekanntgemacht ...!

Ein Stück des faszinierenden sprachlichen Reichtums, der kindlichen Fantasie und der detailerfassenden Beobachtungsgabe dieses großen englischen Romanciers und Laientheologen lebt auch in Albrecht Gralle. Und obwohl wir uns auf Tagungen der freikirchlichen Rufer-Bewegung begegnet waren, einige Semester zusammen studiert hatten und meine Frau jahrelang in seinem Jugendchor sang, wo die Chorübstunden oft mit einer Kurzgeschichten-Andacht beendet wurden, erfuhr ich doch erst durch das Lesen seiner Parabeln, welche reizvolle und dabei doch legitime Verbindung von systematisch-theologischem Denken und atemberaubend unlogischem Träumen Albrecht Gralle verwirklicht.

Im März 1980 veröffentlichte ich eine erste Kurzgeschichte von ihm in einer Jugendzeitschrift. Zwei Jahre später war laut einer Leserbefragung die Sparte ,,Erzählungen" der mit Abstand beliebteste Teil des Blattes. Und das nicht nur zum erbaulichen Eigenkonsum: Ein Pastor rief an und erzählte begeistert, wie gespannt seine Gemeinde war, als er in seiner Predigt über die Wiederkunft Jesu *Das Zugabteil* vorlas und dabei eine echte Posaune aus einem samtschwarzen Posaunenkoffer hervorzog ...

Nun stammt die Idee, abstrakt schwer zu beschreibende geistliche Sachverhalte in Form einer Kurzgeschichte oder eines Gleichnisses zu verdeutlichen, nicht von Albrecht Gralle. Auch nicht von Ulrich Schaffer, Walter Hollenweger, C. S. Lewis, Charles H. Spurgeon, George MacDonald, John Bunyan oder den Mystikern des Mittelalters. Angesehene Neutestamentler vermuten, daß die Gleichnisse der jüdischen Rabbinen dem Vorbild der Reden Jesu nachgestellt wurden und Jesus selbst wiederum auf jener alttestamentlichen Propheten-Tradition fußt, in der bild-hafte Zeichenhandlungen mit der gesprochenen Botschaft verbunden wurden. Dieses „Erzählen der Wunder Gottes" im Sinne von Psalm 9,2; 96,3; 107,22 für die neuere Predigtlehre und -praxis der Kirche wiederentdeckt zu haben ist u.a. Verdienst des Homiletikers Rudolf Bohren, der 1971 für das „predigende Erzählen" plädierte, des katholischen Dogmatikers Johann Baptist Metz, der von „Heilsvermittlung durch Erzähl- und Tischgemeinschaft" sprach und des Literaturwissenschaftlers Harald Weinrich, der den oft trocken und hochgestochen intellektull predigenden Pfarrern die Bilderwelt der Fabeln, Sagen und Erzählungen nahebrachte.

Im Fahrwasser dieser sogenannten „narrativen Theologie" (von lat. narrare = erzählen) segelt Albrecht Gralle einen eleganten Kurs: Weiträumig in der Verwendung von Symbolen und Bildassoziationen, hart am Wind praktischer Verkündigung und Seelsorge und immer gradlinig auf den Wegmarkierungen biblischer Texte. Ich wünsche mir sehr, daß dieses Buch mit den einmalig kunstvoll gelungenen Radierungen von Herbert Grabowski der liebevollen Erzählweise Albrecht Gralles weiterhin Aufwind verleiht.

Hamburg, im März 1983 — Andreas Malessa

# Der Berg

## 1 EINE ZERBEULTE DOSE

Jonas Leithoff hatte die Hände in den Taschen und pfiff vergnügt vor sich hin. Schon morgens, als er anfing, seinen Rucksack zu packen, überkam ihn ein Glücksgefühl, das er kaum mit Worten beschreiben konnte. Ein Stück Freiheit, vermischt mit einer Art prickelnder Aufregung.

Er blieb stehen und atmete die Bergluft ein, die nach Quellwasser und frischem Heu roch. Gestern hatte er die muffige Atmosphäre in seinem Quartier nicht mehr ausgehalten. Irgendwie roch es im Flur immer nach abgestandenem Wasser. Die letzten zwei Tage hatte es geregnet, und morgens wurde er vom Prasseln der Regentropfen auf das Garagendach geweckt. Und dann seine Gastgeber! Sicher, sie waren freundlich und hilfsbereit, aber es ging etwas Bedrückendes von ihnen aus, und er hatte es vorgezogen, lieber auf seinem kleinen Zimmer zu bleiben, als in dem ungemütlichen Wohnraum zu sitzen.

Während er mit großen Schritten den Weg entlangging, schaute er nach oben: da lag der Berg, den er besteigen wollte. *Besteigen* war etwas zu hoch gegriffen, dachte er und lächelte. Der Gipfel erreichte nicht einmal 3000 Meter. Es würde eine schöne Wanderung werden, nicht zu anstrengend, aber so, daß man abends zufrieden ins Bett sinken konnte, mit dem Gefühl, etwas erreicht zu haben.

Der Berg hatte eigentlich gar keine Spitze, eher eine Hochfläche, grünlich schimmernd, an den Seiten weiße Streifen, Bäche wahrscheinlich.

Gestern früh hatte er den Entschluß gefaßt, diesen Berg anzugehen, ganz spontan, als er gerade dabei war, sich für einen Becher Nescafé heißes Wasser nachzugießen. Der Regen hatte aufgehört, und die Wolken hatten sich verschoben, da hatte Jonas, den Kessel in der Hand, zufällig nach draußen geblickt und war stehengeblieben. Für ein paar Sekunden war die Hochfläche des mittleren Berges sichtbar geworden, eigenartig beleuchtet von der Sonne. Danach hatte sich der Berg wieder verhüllt. Aber es war für Jonas wie eine Einladung gewesen, eine Lockung. Und Jonas hatte die Einladung angenommen. Er hatte abends dann den Fehler begangen, seinen Gastgebern davon zu erzählen.

Der Bauer hatte den Bierkrug bedächtig auf den Tisch gestellt und mit dem Kopf geschüttelt. Ob er denn nicht wisse, daß der Berg nicht ganz geheuer sei, ja, er habe nicht einmal einen richtigen Namen, er hieße nur: *der Berg* oder *der Mittlere*. Der alte Schäfer habe ihm glaubhaft versichert, daß er hoch oben Stimmen gehört habe, keine Naturstimmen, sondern eigentümliche Geräusche, und er, der alte Schäfer, habe schon manches erlebt und gehört, aber jetzt werde er nicht mehr da hinaufgehen.

Ob denn sonst schon Leute oben gewesen wären, hatte Jonas gefragt. Ja natürlich, aber es seien irgendwie sonderbare Leute gewesen, oder vielleicht seien sie nach der Rückkehr so geworden.

Und außerdem, hatte der Bauer hinzugefügt, was er denn an dem Berg finde, die anderen Berge seien schöner und die Wanderwege besser ausgebaut. Und dann hatte er seine Schultern entschuldigend gehoben, er wolle ihm natürlich nichts ausreden, aber er wolle ihn warnen. Das sei er seinen Gästen schuldig.

Jonas Leithoff schnaubte verächtlich durch die Nase, als er sich wieder an das Gespräch erinnerte und schüttelte den Kopf über diesen abergläubischen Unsinn.

Die Sonne schien, der Weg vor ihm schlängelte sich träge nach oben, und die Kühe auf der Wiese hoben ihre Köpfe, wenn er an ihnen vorbeikam. Voller Übermut warf er einen Stein in die Luft und sah zu, wie er den Abhang hinunterrollte.

Nach einer Biegung verschwand der Weg in einem Wald. Als Jonas durch das dunkle Tor der Bäume schritt, blieb er bewundernd stehen: vor ihm tat sich ein Tunnel auf, angefüllt mit sattem, grünem Licht. Ab und zu floß von der Seite das Sonnenlicht wie ein kleiner Wasserfall herunter und verlor sich auf dem weichen Waldboden.

Der Himmel hing wie ein blaues Zelt über den Bäumen. Auf einem Ast sang ein Vogel. Langsam ging Jonas weiter, ganz vorsichtig, um den Frieden nicht zu stören.

Der Waldweg mußte seit Jahren nicht mehr begangen worden sein. In der Mitte wuchs Waldmeister zwischen dem feinen Gras. Jonas hatte ein Gefühl, als betrete er ein Reich, das nicht für jeden bestimmt sei, eine paradiesische Schönheit und Stille, die sich einem nur in gewissen Augenblicken auftat.

Er ging wie verzaubert weiter und hätte sich nicht gewundert, wenn auf einer Waldlichtung Feen getanzt hätten. Ein vages Gefühl von Harmonie ergriff ihn, und die Grenze zwischen dem, was möglich und unmöglich war, verwischte sich wie Wasserfarbe auf einem Stück Löschpapier.

Ein Rascheln ließ ihn herumfahren. Er blieb regungslos stehen. Keine fünf Meter von ihm entfernt stand ein großer, stattlicher Hirsch und hob vorsichtig den Kopf. Jonas rührte sich nicht und hielt den Atem an. Der Wind kam ihm entgegen, und so blieb er zunächst unbemerkt. Jetzt drehte das Tier seinen Kopf in Jonas' Richtung, und für ein paar Sekunden schauten sie sich an, jedenfalls kam es Jonas so vor. Obwohl nichts Besonderes passierte und zwischen ihnen eine unüberbrückbare Grenze lag, hatte Jonas das seltsame Gefühl, als finde eine Begegnung zwischen ihnen statt. Dann machte Jonas eine unwillkürliche Handbewegung, und der Hirsch war mit einem Satz im Gebüsch verschwunden. Jonas schaute ihm nach und hätte es in diesem Augenblick für möglich gehalten, daß der Hirsch sich in einen Prinzen verwandelt hätte.

Während Jonas Leithoff noch nachdenklich weiterging, stieß sein Fuß gegen etwas Hartes, Metallisches. Er bückte sich und entdeckte zwischen den Tannennadeln eine zerbeulte Coca-Cola-Dose. Wie ein Mißklang fiel diese Entdeckung in seine feierliche Stimmung. Mit einem Schlag waren Ruhe und Ergriffenheit verschwunden. Jemand war schon vor ihm dagewesen und hatte dieses Zauberreich durch seine Nachlässigkeit entweiht.

Immer noch hielt er die Dose in der Hand, und je länger er sie ansah, desto mehr kam ihm zu Bewußtsein, daß es auf dieser Erde keine ungetrübte Harmonie geben könne, daß jedes Paradies seine zerbeulte Dose habe, verborgen unter der Oberfläche.

Er schüttelte verwundert den Kopf über diese Gedanken. Es war sonst nicht seine Art, tiefsinnigen Grübeleien nachzuhängen. Es kam ihm vor, als sei ihm diese Erkenntnis von irgendwoher zugeflogen. Er blickte sich um. Der Wald hatte sein geheimnisvolles Aussehen verloren. Er war nun plötzlich zu einem ganz gewöhnlichen Wald geworden, etwas verkommen und vernachlässigt, und der Weg führte wahrscheinlich nirgendwo hin.

Enttäuscht und ärgerlich wollte Jonas Leithoff die Dose, die ihn aus seinem schönen Traum geweckt hatte, in die Büsche werfen.

Aber er besann sich und stellte sie gut sichtbar mitten auf den Waldweg. Dann kämpfte er sich durch ein Brombeerdickicht und trat aus dem Wald.

## 2 EINE JACKE KNISTERT

Jonas keuchte beim Gehen. Der Gipfel vor ihm schien nicht näher zu kommen, obwohl Jonas sich verbissen nach oben arbeitete.

Es war jetzt so heiß geworden, daß er die Regenjacke aus Nylon auszog und in den Rucksack steckte. Ohne richtigen Weg wurde das Klettern immer beschwerlicher. Die Büsche und Sträucher rückten dichter zusammen, und so sah er sich gezwungen, in einem Bach hochzuklettern. Als es steiler wurde, zog er sich mühsam an den Erlenzweigen, die den Bach säumten, hoch. Mehrmals rutschte er auf den glatten Steinen aus und stand mit den Schuhen im eiskalten Gebirgswasser.

Er schwitzte, und in den dichten Büschen am Wasser umschwärmten ihn Mücken und stachen ihn.

Als die Sträucher kleiner und spärlicher wurden, verließ er den Bach und stapfte durch das harte Gras. Oft mußte er stehenbleiben, um Atem zu holen. Dann stand er da, die Hände in die Hüften gestemmt und schaute keuchend zu Boden. Er hatte nicht mehr den Mut, nach oben zu blicken, weil er jedesmal darüber enttäuscht war, wie wenig er vorwärtskam.

„Warum bin ich bloß auf diesen idiotischen Berg geklettert?" stieß er zwischen den Zähnen hervor.

Allmählich wurde das Gras kürzer und ging in eine Art Flechte über. Steine und kleine Felsen kamen zum Vorschein. Jonas spürte, wie sein Puls gegen die Schläfen pochte; schließlich war er so erschöpft, daß er auf allen Vieren weiterkroch.

Die letzten Meter schleppte er sich mechanisch weiter und warf sich, oben angekommen, auf den Boden, wo er schwer atmend liegenblieb. Nach einigen Minuten stand er mühsam auf, ging einige Schritte hin und her und setzte sich auf einen Stein. Dann holte er ein Salamibrot und einen sauren Apfel hervor und begann zu essen. Langsam kehrten seine Kräfte zurück.

Irgendwie war Jonas enttäuscht. So sehr er sich auch umschaute, es gab nichts Besonderes zu sehen, nur Felsen und grüne Flechten.

Tief unter ihm, im Dunst, erkannte er einige Häuser, die wie Farbtupfer durch den Nebel schimmerten.

Der Wind war kalt, und Jonas merkte, daß er fröstelte. Er kramte in seinem Rucksack und zog sich die Nylonjacke über, die in der Stille ungewöhnlich laut knisterte.

Plötzlich blieb er regungslos sitzen und hörte mit dem Kauen auf. Das Knistern war immer noch zu hören, obwohl er sich nicht bewegte. Er sprang auf und schaute sich um.

Ungefähr dreißig Meter von ihm entfernt brannte ein großes Feuer; weißer Qualm drang an den Seiten hoch und wurde von den Flammen nach oben gerissen.

Das müßte ich doch vorhin gesehen haben, dachte er, oder hat es jemand in den letzten Minuten angesteckt?

Umständlich nahm er seinen Rucksack auf und näherte sich zögernd dem Feuer.

Schon spürte Jonas die Hitze und sah auf seinen Ärmeln die Ascheteilchen, die wie feiner Schnee durch die Luft wirbelten. Das Knistern hatte sich in ein Prasseln verwandelt, ab und zu unterbrochen von dem Knacken und Krachen des Holzes oder von dem Geräusch zusammenfallender, ausgebrannter Stücke.

Jonas blieb stehen und streckte dem Feuer seine kalten Hände hin. Aus irgendeinem Grund war er froh, daß hier, auf der Spitze des Berges, ein Feuer brannte. Es gab dem Berg etwas Lebendiges, und gleichzeitig spürte Jonas, wie eine kräftig belebende Wirkung von den Flammen ausging, wie nach einem erfrischenden Schlaf.

Die Sonne warf den zuckenden Schatten des Feuers auf den welligen Boden, und der Schatten sah aus wie leuchtende Wellen, die über den Boden glitten und in der Ferne verebbten.

Jonas zog seine Windjacke wieder aus, breitete sie über einen Stein und setzte sich.

Wie bei jedem großen Feuer, das er gesehen hatte, war er auch jetzt überwältigt von der geballten Energie, die hier frei wurde, von den Flammen, die aussahen wie Feuerwesen in ekstatischem Tanz.

Von hinten waren Schritte zu hören. Jonas hatte im Stillen damit gerechnet, daß jemand hier oben bei dem Feuer sein mußte, und so war er nicht erstaunt, als er einen Mann in einem grauen Rollkragenpullover und mit einem ebenso grauen Vollbart auf sich zukommen sah. Er trug Stiefel und hatte eine Ledertasche umgehängt.

Jonas stand auf und bemühte sich, einen ungezwungenen Eindruck zu machen, aber er hatte das unbehagliche Gefühl, als sei er bei irgendetwas ertappt worden.

Der Fremde, der nur einen undeutlichen Gruß gebrummt hatte, stand jetzt neben Jonas am Feuer und rieb sich die kalten Hände. So blieb es ein paar Sekunden ganz still zwischen ihnen; sie schauten beide in die Flammen.

Dann wandte sich der Bärtige an Jonas und sagte mit einer überraschend freundlichen Stimme: „Es ist schön, daß Sie die Einladung angenommen haben und gekommen sind."

Jonas war verblüfft und fragte: „Was für eine Einladung?"

Der Fremde lachte kurz auf und sah Jonas zwinkernd an: „Nun tun Sie mal nicht so, als wüßten Sie von nichts!" Und nach einer Pause fragte er: „Hatten Sie gestern früh nicht den Eindruck, Sie seien eingeladen worden?"

„Ja schon", antwortete Jonas, „aber ..."

„Sie möchten wohl wissen, woher ich das weiß, was?" unterbrach ihn der Fremde und steckte seine Hände in die Taschen.

Jonas war zu überrascht, um darauf etwas zu erwidern. Außerdem hörte sich die Frage mehr rhetorisch an.

„Und vielleicht", fuhr der Mann fort, „erinnern Sie sich noch an das kurze Erlebnis mit der Dose, die unter den Nadeln lag?"

„Wieso? Was hat das alles ...?" begann Jonas, verstummte aber wieder, weil er nicht weiter wußte. Allmählich fand er das Gespräch sehr merkwürdig. Er fühlte sich zunehmend unbehaglicher und verschränkte seine Arme.

Der Bärtige, dem das nicht entgangen war, versuchte einen versöhnlichen Ton anzuschlagen: „Ich weiß, es kommt Ihnen alles etwas eigenartig vor, aber glauben Sie mir, was Ihnen begegnet ist, war notwendig."

Und dann wandte er sein Gesicht Jonas ganz zu und sagte mit veränderter Stimme: „Ich habe Ihnen eine wichtige Mitteilung zu überbringen."

Mit diesen Worten griff er in die Ledertasche und wollte etwas herausholen, als plötzlicher Hufschlag beide herumfahren ließ.

Keine zehn Meter von ihnen entfernt galoppierte ein Pferd auf sie zu. Eine Gestalt in einem hellen Mantel saß darauf. Sie hielt etwas Längliches in der linken Hand, und mit der rechten versuchte sie das Pferd zu zügeln. Es kam schnaubend vor ihnen zum Stehen.

Sein Fell war feucht von Schweiß und dampfte.

Die Gestalt glitt herunter, warf die Zügel über den Rücken des Pferdes und neigte den Kopf vor Jonas. Als sie sich aufrichtete, fiel die Kapuze nach hinten, und man konnte sehen, daß es eine Frau war. Ihr langes, braunes Haar war in der Mitte gescheitelt und fiel in Wellen herunter.

Sie nahm den Gegenstand in beide Hände und hielt ihn Jonas hin. Er sah ein Schwert mit Lederhülle; der Gürtel war um die Waffe gewickelt. Jonas schaute die Frau wortlos an und nahm das Schwert, das gar nicht so leicht war, ebenfalls in beide Hände.

Dann drehte die Dame sich um und sagte dem Bärtigen mit eindringlicher Stimme, er müsse mitkommen, und es sei keine Zeit zu verlieren. Warauf sie, ohne seine Antwort abzuwarten, auf das Pferd stieg und der Fremde ebenfalls.

„Und was ist mit der Botschaft, die ich ihm übergeben sollte?" fragte er, während das Pferd unruhig mit den Hufen stampfte.

Die Frau drehte sich noch einmal um und antwortete so laut, daß Jonas es hören konnte: „Er wird es selbst merken."

Und dann schaute sie Jonas an und rief ihm zu: „Tu es für mich!" Ohne auf ein Zeichen zu warten, setzte sich das Pferd in Bewegung und trabte los, bis es nicht mehr zu sehen war.

Jonas stand noch wie betäubt da, beide Hände ausgestreckt, auf denen das Schwert lag. Dann besann er sich, legte die Waffe auf den Boden, schüttelte den Kopf und murmelte: „Das ist das Verrückteste, was ich je erlebt habe."

## 3 EIN SCHLAG IN DIE LUFT

Inzwischen war es auf dem Berg dämmerig geworden. Die Umrisse der Hochebene bildeten eine gezackte Linie gegen den fahlen Himmel. Die blasse Scheibe des Mondes leuchtete schwach. Mit ungebrochener Energie brannte das Feuer, und der kalte Wind blies in die Flammen, die sich fauchend zurückwarfen.

Jonas saß auf einem Stein und hatte sich das Schwert auf die Knie gelegt. Er fand es erstaunlich, daß die Klinge nicht ebenmäßig und glatt war. Man konnte deutlich die Spuren des Hammers erkennen. Es muß zu einer Zeit gemacht worden sein, dachte er, als es noch keine Maschinen gab. Die Schneide wies einige Unregelmäßigkeiten und Scharten auf, doch rostig war sie nicht.

Immer noch rätselte Jonas über die Worte „Er wird es selbst merken" und „Tu es für mich" nach.

Was sollte er für sie tun?

Er merkte, daß es ihm gar nicht unangenehm war, etwas für diese Frau zu tun. Der kurze Moment, in dem sich ihre Augen getroffen hatten, war nicht ohne Wirkung geblieben und hatte ihn berührt. Obwohl ihr Gesicht keinem Schönheitsideal entsprach, war es trotzdem schön und anziehend gewesen.

Er stand auf, schnallte sich den Gürtel mit dem Schwert um die Hüften und ging auf und ab. Er war es von seinem Beruf her gewohnt, Maschinen zu bedienen, Kostenvoranschläge für seine Firma aufzustellen und Kunden zu beraten, aber mit einem solch alten, handgeschmiedeten Schwert umzugehen, das kam ihm sehr fremd vor.

Einem plötzlichen Impuls nachgebend, zog er das Schwert und hielt es drohend gegen das Feuer gerichtet. Er ließ es ein paarmal über seinen Kopf kreisen, und da überfiel ihn jäh der Gedanke, daß man normalerweise ein Schwert benutzt, um zu kämpfen. Er erinnerte sich an sein Holzschwert, das er als kleiner Junge getragen hatte, und ein Gefühl von zurückhaltender Freude stieg in ihm auf und die Ahnung, daß irgendein entscheidender Kampf bevorstünde.

Er steckte das Schwert zurück in die Hülle und stellte sich mit dem Rücken zum Feuer, weil ihm kalt war.

Die ersten Sterne waren zu sehen.

„Aber gegen wen soll ich denn kämpfen?" fragte er sich selbst halblaut. „Ich habe doch keine Feinde in dieser Gegend, und ich habe auch keine Lust, hier herumzuspringen und irgendwelche Leute mit diesem halbfertigen Eisenprügel anzugreifen."

Er verschränkte die Arme und murmelte: „Was ich jetzt brauche, wäre etwas Warmes zum Essen."

Er dachte an ein saftiges Stück Fleisch mit Bratkartoffeln und grünem Salat und schimpfte leise vor sich hin, weil es jetzt zu spät war, den Abstieg zu wagen. Er mußte versuchen, die Nacht hier oben auf dem Berg zu verbringen, was ihn nicht gerade aufmunterte. Das Feuer würde gegen 1.00 oder 2.00 Uhr allmählich ausgehen, gerade dann, wenn die Kälte des neuen Tages in die Kleider kroch. Vielleicht würde es schneien; dann müßte er die ganze

Nacht auf und ab gehen, um nicht zu erfrieren.

Er stellte sich das plastisch vor: er allein auf dem Berg, ein vorsintflutliches Schwert an der Seite, auf und ab gehend und leise vor sich hinschimpfend.

Er mußte unwillkürlich auflachen.

Aber dann schlug seine Stimmung plötzlich um.

„Warum bin ich nur auf diesen Berg gestiegen?" preßte er zwischen den Zähnen hervor. Um sich abzureagieren und ein wenig Bewegung zu haben, zog er das Schwert und hieb so kräftig in die Luft, wie er nur konnte.

Ich muß ja schließlich für den großen Kampf trainieren, dachte er bitter.

## 4 DER FELSEN

Es war genauso, wie er es sich vorgestellt hatte. Die Kälte und der scharfe Wind zwangen ihn, in Bewegung zu bleiben, und so ging er auf und ab wie ein Löwe im Käfig.

Das Schwert schlug im Rhythmus der Schritte gegen seinen linken Oberschenkel und erinnerte ihn daran, daß die Szene am Feuer keine Einbildung gewesen sein konnte. Sein Magen knurrte. Er versuchte, sich ganz dicht am Feuer auf den Boden zu legen und zu schlafen, aber der Boden war kalt und hart und die Wärme ungleichmäßig verteilt.

Unbemerkt war ein Mann gekommen. Jonas hatte seine Schritte nicht gehört. Plötzlich hatte er neben ihm gestanden und ihm freundlich einen guten Abend gewünscht.

Irgendwie paßte der Mann nicht zu dem Feuer. Er trug einen dunkelblauen Anzug mit einer geblümten Krawatte.

„Sie sehen müde und hungrig aus", sagte er lächelnd zu Jonas.

Jonas nickte.

„Kommen Sie mit mir", fuhr der Besucher fort und machte eine einladende Geste.

„Jetzt, mitten in der Nacht?" fragte Jonas ungläubig.

„Unsere Anlage ist hier gleich in der Nähe", sagte der andere bestimmt und fügte lächelnd hinzu: „Es gibt ein warmes Abendessen, kommen Sie." Und nach einer kurzen Pause: „Wollen Sie die Nacht hier in der Kälte verbringen?"

Nein, das wollte Jonas nicht. Er nahm sich vor, besonders wachsam und vorsichtig zu sein und mitzugehen. So folgte er dem jungen Mann, der mit raschen Schritten auf einen Felsen ganz in der Nähe zusteuerte.

Anfangs hatte Jonas Herzklopfen und war mißtrauisch, weil das Wort *Anlage* ihm nicht gefiel. Aber die Neugier war zu groß, und die Aussicht auf ein warmes Abendessen beschleunigte seine Schritte.

Sie blieben vor einem Felsen stehen. Der Mann drückte leicht gegen die rauhe Oberfläche, und Jonas sah, wie sie nachgab und lautlos nach innen schwang — wie eine Tür. In dem matten Mondlicht konnte man Stufen erkennen, die nach unten führten. Der Fremde bückte sich und winkte Jonas. Zögernd ging er hinein und stand in einer Höhle, die sich nach unten im Dunkel verlor. Es roch muffig, und Jonas hörte irgendwo den feinen, regelmäßigen Ton eines Wassertropfens.

,,Bevor wir weitergehen", sagte der junge Mann mit einer Stimme, die dumpf von den Wänden widerhallte, ,,möchte ich Sie dringend warnen, irgendwann einmal nach oben zu schauen. Es wird furchtbar sein, und ich möchte Ihnen das ersparen."

Und dann sagte er lächelnd und streckte dabei seine Hand aus: ,,Dieses altmodische Ding hier, dieses Spielzeugschwert, lassen Sie am besten am Eingang zurück. Das behindert Sie nur, und Sie können es sich ja nachher wieder abholen. — Und außerdem", hier grinste er und fuhr in einem vertraulichen Ton fort, ,,das Schwert paßt wirklich nicht zu Ihnen. Sie sehen damit komisch aus."

Er hielt die Hand immer noch ausgestreckt.

Jonas zögerte. Es war ihm nicht wohl bei diesen Worten gewesen. Der Ton dieser Stimme, dieser leise Spott, zwangen ihn beinahe, seine Waffe abzugeben. Aber im letzten Augenblick, es kostete ihn eine ziemliche Anstrengung, besann er sich anders und sagte: ,,Ich möchte es gerne mitnehmen. Es ist ein persönliches Geschenk."

Das Lächeln seines Begleiters sah etwas gequält aus, als er Jonas antwortete: ,,Ganz wie Sie wünschen."

Dann wandte er sich abrupt um und ging weiter. Man merkte, daß er verstimmt war und es nicht zeigen wollte.

Während sie hinunterstiegen, bemerkte Jonas an beiden Seiten

Glasröhren, die ein schwaches Licht verbreiteten. Die Steintreppe endete vor einer Eisentür, die der junge Mann nur mit Mühe öffnen konnte.

Als ob jemand das Radio aufgedreht habe, so plötzlich brachen Lärm und Musik über Jonas herein. Gleichzeitig wurde der enge Tunnel mit Licht überflutet.

Blinzelnd blieb Jonas stehen.

„Kommen Sie, kommen Sie", drängte sein Begleiter und lächelte.

Jonas trat staunend durch die Tür. Vor seinen Augen dehnte sich eine unterirdische Stadt aus: Straßenzüge, Häuser, bunte Fahrzeuge, die langsam und lautlos an ihm vorbeifuhren. Bäume rechts und links der Straße.

Sie gingen direkt auf ein von einem Vorgarten umgebenes Haus zu.

Leute saßen an Tischen, aßen und unterhielten sich angeregt.

„Nehmen Sie Platz", sagte der freundliche junge Mann, „das Essen wird gleich serviert."

Jonas suchte sich einen der Tische aus und setzte sich. Er bemerkte mit Wohlbehagen, daß man außerordentlich bequem auf diesen Gartenstühlen sitzen konnte.

Nach dem vielen Gehen und Herumstehen tat es richtig gut. Er streckte die Beine von sich und wollte seine Hände hinter dem Kopf verschränken und entspannt nach oben blicken, als er die scharfe Stimme seines Begleiters hörte: „Vorsicht! Nicht nach oben schauen!"

Jonas zuckte zusammen und senkte schuldbewußt den Kopf. Der junge Mann setzte sich ihm gegenüber und erzählte begeisternd von der Stadt: wie echt alles aussehe, wie glücklich die Leute hier seien, und wie geschmackvoll hier alles eingerichtet sei. Auch ein ausgewogenes Wärmesystem sei vorhanden, das die Illusion eines angenehmen, warmen Sommertages verbreite.

Während er weitererzählte, war das Essen gekommen. Jonas hatte keine Lust gehabt, irgendetwas dazu zu sagen. Er aß und aß und nickte zu den Worten seines Gastgebers mit vollem Mund. Es gab Hühnerfleisch mit Reis, verschiedene Gemüsesorten, kleine Schälchen mit Salaten und einen leichten Tischwein.

Jonas aß und trank, als wäre es das letzte Mal.

Wie schwierig es am Anfang gewesen sei, fuhr Jonas' Begleiter fort, aber wie sie es nach und nach geschafft hätten, diese Stadt aufzubauen.

Jonas nickte.

Es wurde dämmerig, Straßenlaternen gingen an, und die Fahrzeuge fuhren mit Licht.

Der junge Mann begeisterte sich über das ausgeklügelte System von Tag und Nacht, das sie hier künstlich eingerichtet hätten. Aber jetzt, so lächelte er, wäre Jonas bestimmt müde. Er könne hier schlafen. Ein eigenes Zimmer mit allem Komfort stehe ihm zur Verfügung.

Während sie aufstanden, beglückwünschte der junge Mann Jonas, hier, in dieser Stadt, wohnen zu dürfen und, wenn er wolle, auch zu arbeiten.

Sie kamen an der Rezeption vorbei. Eine auffallend hübsche Dame gab Jonas den Schlüssel und wollte unbedingt, daß er sein Schwert bei ihr abgebe — auch sie mit einem spöttischen Unterton.

Aber wie ein flüchtiges Bild zog das Gesicht der Frau, die ihm das Schwert überreicht hatte, an ihm vorbei, und er erklärte stockend und errötend, daß er es lieber behalten wolle.

Auf seinem Zimmer hatte er nicht mehr die Kraft, sich auszuziehen. Er warf sich auf das Bett und war sofort eingeschlafen.

## 5 DIE ERINNERUNG

Und langsam, jeden Tag mehr, gewöhnte sich Jonas an das Leben der künstlichen Stadt.

Er hatte eine einfache Bürotätigkeit übernommen, die ihm viel Freiraum bot. Geld gab es nicht. Man konnte alles bekommen.

Es war angenehm und bequem, hier zu leben. Auch gab es kaum Streitereien mit Kollegen oder anderen Leuten, die er traf. Es herrschte eine Art von gegenseitiger Toleranz. Ganz gleich, welche Meinung der andere hatte, so verrückt sie auch schien, man lächelte und dachte: es ist interessant, was es alles gibt.

Nachmittags sah man oft, wie sich Leute bei einer Tasse Kaffee unterhielten. Es gab wunderschöne Bänke unter den Bäumen. Man besprach die Tagesereignisse, tauschte Meinungen über bestimmte politische Entwicklungen aus. Manche schlossen sogar Wetten ab.

Jonas hatte sein Schwert längst abgenommen und in seinem

Kleiderschrank versteckt. Die spöttischen und mißbilligenden Blicke der anderen hatten ihn mit der Zeit dazu veranlaßt. Vor allem die Bemerkungen seiner neuen Freundin.

Jonas war zufrieden und glücklich. Ihm schien, als ob er schon immer in dieser Welt gelebt habe.

Aber eines Tages, als er gegen 14.00 Uhr von der Arbeit kam und lächelnd aus seinem Fahrzeug stieg, um unter einer großen Eiche eine Tasse Kaffee zu trinken, hörte er zufällig einer belanglosen Unterhaltung am Nebentisch zu.

Er überlegte gerade, ob er lieber einen Apfelstrudel oder ein Stück Käsetorte bestellen sollte, als ein bestimmter Satz ihn aufhorchen ließ.

Das Paar am Nebentisch war aufgestanden, und die Frau sagte im Vorbeigehen: „Ja, es stimmt, wir leben hier in einem richtigen Paradies."

Irgendetwas an diesem Satz machte Jonas unruhig. Er grübelte nach.

Und da überfiel ihn schlagartig die Erinnerung. Die Erinnerung an den grünen Wald, an den überwachsenen Weg; wie er, Jonas, verzaubert war von der Unberührtheit und Schönheit, wie er die zerbeulte Dose gefunden und ernüchtert gespürt hatte: es gibt in dieser Welt keine ungetrübte Harmonie, und jedes Paradies hat seine verbeulte Dose, verborgen unter der Oberfläche.

Und so, wie die Dose damals den Wald entzaubert hatte, so entzauberte die Erinnerung daran sein zufriedenes Leben in der künstlichen Stadt. Er schaute auf die Straße und erkannte plötzlich, daß die Leute alle mit gesenktem Kopf gingen, weil sie es nicht wagten, aufzublicken.

Er erkannte, daß das Lächeln, das ihm von allen Seiten entgegenkam und das er sich auch angewöhnt hatte, so künstlich war wie die Stadt.

Eine Ahnung stieg in ihm auf, daß die Menschen dieser Stadt — und auch er selbst — in ein glückliches und zufriedenes System eingezwängt waren.

Und dann kam ihm ein Gedanke, der ihn erzittern ließ: der Wunsch, nach oben zu blicken.

Alle möglichen Bedenken stürmten auf ihn ein. Etwas Entsetzliches würde passieren. Er könnte vielleicht erblinden.

Aber je mehr er darüber nachdachte, desto mehr merkte er, wie eintönig und bedrückend das Leben in dieser glücklichen Stadt gewesen war, und zum ersten Mal in seinem Leben stieg so etwas wie Kühnheit und Mut in ihm auf, alles auf eine Karte zu setzen.

Er erhob sich langsam und blickte nach oben. Die Kellnerin, die gerade, beladen mit einem Tablett, an seinen Tisch kam, ließ schreiend die Teller und Tassen fallen und rannte zurück.

Jonas blieb stehen und schaute weiter nach oben.

Er wurde nicht blind, aber sein Gesicht nahm eine blasse Farbe an.

Hoch oben, über ihm, sah er das große Feuer auf dem Berg, das immer noch brannte. Und er roch den Qualm und hörte das Prasseln der Flammen. Und er erschrak, weil das Feuer viel lebendiger und wirklicher war als die ganze Stadt; er erschrak, weil durch das Feuer alles um ihn herum zu einer Scheinwelt wurde.

Jonas wußte nun, woher das Feuer kam. Es gab nur eine Energie, die in der Lage war, aus sich selbst zu existieren. Ihm fielen Geschichten ein, uralte Überlieferungen von einem Dornbusch, der brannte, ohne verzehrt zu werden.

Jonas zitterte und wandte den Blick ab. Dann rannte er los. Er hatte nur noch einen Gedanken: er mußte aus dieser verfluchten Stadt heraus. Doch vorher brauchte er das Schwert.

Während er durch die Straßen rannte, hörte er hinter sich aufgeregte Stimmen. Er drehte sich um und sah, wie Leute stehenblieben und auf ihn deuteten.

Jonas rannte. Er rannte an der erstaunten Frau in der Rezeption vorbei, hastete die Treppen hinauf, öffnete mit zitternden Händen die Zimmertür und stürmte in den Raum.

Mit zwei Schritten stand er vor dem Kleiderschrank und riß die Tür auf. Er wühlte sich durch die Kleider und fühlte das Schwert. Erleichtert atmete er auf und schnallte sich den Gürtel um. Er probierte, ob er das Schwert aus der Hülle ziehen konnte und stellte fest, daß es schwierig war. An einigen Stellen sah er Rost.

Mit gezogenem Schwert polterte er die Treppe hinunter auf die Straße. Wo war nur die schwere Eisentür, durch die er gekommen war? Jonas blickte sich um und versuchte sich krampfhaft zu orientieren. Dann schaute er nach oben und ging der Richtung des Feuers nach.

Inzwischen hatten sich immer mehr Menschen vor dem Café versammelt und hörten schaudernd zu, wie die Kellnerin erzählte, daß jemand es gewagt hatte, nach oben zu blicken und offenbar durchgedreht sei.

In diesem Augenblick bog Jonas um die Ecke und wurde durch die Menschenmenge aufgehalten.

„Laßt mich durch!" rief er und schaute nach oben, um die Richtung zu überprüfen. Ein vielstimmiger Schrei war die Antwort.

„Laßt mich durch!" schrie Jonas drohend und schwang sein Schwert. Die ersten wichen zur Seite, zwei wurden leicht am Oberarm verletzt.

Jetzt hatten sich einige Leute gefaßt und riefen: „Laßt ihn nicht entkommen, es ist ein Verrückter!"

Aber Jonas hatte sich schon eine schmale Gasse durch die Menge erkämpft und rannte weiter. Als er sich umblickte, merkte er, daß er verfolgt wurde. Er lief schneller und versuchte, durch die Nase zu atmen, weil er Seitenstechen bekam.

Jetzt hatte er die Eisentür erreicht und zog mit aller Kraft daran. Seine Verfolger, die sahen, wohin er wollte, zögerten. Offenbar war für sie diese Tür und was sich dahinter verbarg fast so gefährlich wie der Blick nach oben.

Jonas sah, daß zwei von ihnen Eisenstangen in den Händen hielten und näherkamen.

Jonas blieb stehen und brüllte: „Laßt mich in Ruhe! Blickt doch nach oben, dann werdet ihr mich verstehen. Das alles hier ist nur eine Scheinwelt!"

Aber sie hörten nicht auf ihn, sondern kamen näher. Einen Verrückten soll man reden lassen, dachten sie. Jonas verschwand hinter der Tür und nahm immer zwei Stufen auf einmal.

Er hörte, wie hinter ihm die Eisentür geöffnet wurde und einige ihm folgten. Seine Knie zitterten vor Anstrengung. Endlich war er oben angelangt. Mit letzter Kraft warf er sich gegen den Felsen, aber nichts rührte sich.

Die Männer mit den Eisenstangen hatten ihn fast erreicht. Sie hielten die Hand als Schutz vor die Augen, um nicht nach oben blicken zu müssen.

Jonas stand auf der obersten Stufe und atmete schwer.

„Sei vernünftig und komm zurück", sagte einer der Männer, „wir wollen dir doch nur helfen."

Verzweifelt stemmte sich Jonas gegen die Steinwand, in der Hoffnung, sie bewegen zu können. Aber sie bewegte sich um keinen Millimeter.

Die Männer kamen näher.

Jonas war jetzt nahe daran, aufzugeben und mitzugehen, aber plötzlich stand ihm das Bild der Frau vor Augen, und er hörte ihre Worte: „Tu es für mich!"

„Was soll ich denn für dich tun?" flüsterte er verzweifelt.

„Kämpfen!" sagte das Bild.

Da richtete sich Jonas auf und blickte hinter sich und sah das Feuer, durch die Wände hindurch. Es schien ganz nahe zu sein. Und wieder verlor die Welt um ihn herum ihre Kraft und Bedrohlichkeit, und mit neuem Mut riß Jonas das Schwert aus der Hülle und ging auf die Männer zu.

Sie wichen einen Schritt zurück, aber dann nahm einer von ihnen seine Eisenstange und führte einen Hieb in Jonas' Richtung. Mit aller Kraft parierte er den Stoß. Es gab einen hellen, metallischen Ton, der von den Wänden widerhallte.

Die Männer hielten nicht mehr die Hände vor ihre Augen. Offenbar konnten sie das Feuer gar nicht sehen. Es zeigte sich nur in bestimmten Augenblicken oder nur bestimmten Leuten.

Unten hörte man Stimmengemurmel, das sich steigerte. Die Menge rückte nach.

Während Jonas den zweiten Hieb abfing, wurde ihm bewußt, daß er keine Chancen hatte, er allein gegen die ganze Masse. Sie würden ihn mit der Zeit gegen den Felsen drücken.

„Aber so leicht werden sie mich nicht kriegen!" stieß er hervor und sprang zur Seite, um einem neuen Schlag auszuweichen. Krachend dröhnte die Stange auf die Stufe. Jetzt kam Jonas in Fahrt. Seine Hiebe wurden schneller und gezielter. Sein Gesicht glühte, und das Kämpfen riß ihn wie einen Rausch mit sich fort.

Er spürte keine Müdigkeit mehr, und während er um sich hieb, wurde ihm deutlich bewußt, daß sein Leben vorher ein Leben ohne Kampf gewesen war. Andere hatten über ihn bestimmt. Wichtige Entscheidungen waren ihm abgenommen worden. Blitzartig kamen ihm Szenen in den Sinn, wo er kampflos seine Überzeugungen aufgegeben hatte.

Damals, in der Schule, als sein Freund zu Unrecht verprügelt worden war, da hatte er danebengestanden und nicht gewagt, ein-

zugreifen.

Er sah Szenen vor sich, wie er seinen Glauben an Gott kampflos an den Nagel gehängt hatte. Die ersten billigen Argumente hatten schon genügt.

Verwundert ging ihm auf, daß er das alles bisher nicht gemerkt hatte.

Gerade holte er erneut aus und führte einen Hieb gegen eine der Eisenstangen. Überrascht hielt er inne, als er sah, daß er die Stange durchgehauen hatte, als sei sie aus Wachs gewesen.

Ein zweiter Schlag teilte die andere Stange ebenso leicht in zwei Stücke. Verdutzt blieben die Männer stehen und hielten die zerschnittenen Teile in der Hand. Jonas nutzte seinen Vorteil und trat dem vordersten gegen das Schienbein, der polternd die Treppen hinunterstürzte und den anderen mitriß. Die Eisenstangen klirrten hinterher. Aber die Leute rückten mit einem Wutgeheul nach, und Jonas sah, daß sie irgendwelche Geräte hatten.

In Jonas stieg ein Verdacht auf: Je mehr er kämpfte, desto mehr verlor die Scheinwelt ihre Festigkeit. Er holte aus und schlug gegen die Wand. Sie war nicht mehr so fest wie Stein, sondern fühlte sich an wie feuchter Lehm. Jonas konnte deutlich die Kerbe sehen, die er geschlagen hatte.

Mit neuem Eifer hieb er drauflos.

Inzwischen waren andere nachgerückt und kamen drohend auf Jonas zu. Er mußte jetzt gleichzeitig an zwei Fronten kämpfen. Aber je mehr er kämpfte, desto leichter wurde er mit den Waffen seiner Gegner fertig.

Mit seinem Schwert hatte er schon ein großes Loch in den Felsen gehauen, der sich jetzt anfühlte wie weiches Wachs.

Noch ein Schlag, und sein Schwert stieß ins Freie. Entsetzt wichen seine Gegner zurück, als sie das Tageslicht durchschimmern sahen. Sie bedeckten ihre Augen und rannten kopflos die Treppen hinunter.

Noch ein Hieb — und Jonas trat gebückt aus der Höhle!

## 6 DIE RÜCKKEHR

Noch nie hatte Jonas Leithoff den Morgen so intensiv erlebt wie in diesen ersten Minuten, als er aus der Höhle trat.

Die Sonne war aufgegangen, und die Hochfläche lag vor ihm — in einem herben, nüchternen Grün.

Es gab richtige frische Luft zum Atmen. Jonas zog sie genießerisch durch die Nase ein. Sein heißes Gesicht wurde von dem Morgenwind gekühlt. Jonas streckte sich und gähnte. Weiter hinten sah er Nebelschwaden vorüberziehen.

Er ging langsam geradeaus weiter. Auf dem Boden sah er seinen Rucksack liegen, und während er sich danach bückte, fiel ihm auf, daß das Feuer gar nicht mehr brannte. Es war verschwunden, ohne Spuren zu hinterlassen.

Er drehte sich nach dem Felseneingang um, aber auch der Felsen war verschwunden und mit ihm sein Schwert, das er dort zurückgelassen hatte.

Ein Nebelstreifen hatte sich vor die Sonne geschoben und ließ sie nur noch als blasse Scheibe erkennen. Jonas begann zu frieren. Aber wie gut das Frieren tat! Während seiner Zeit in der künstlichen Stadt hatte er weder gefroren noch geschwitzt. Er würde sich zu Hause ein Blatt Papier an die Wand hängen mit den Worten: *Frieren ist schön!* Er mußte unwillkürlich lächeln, als er sich das vorstellte. Aber dieses Lächeln war in seiner Art anders als das Lächeln in der Stadt, weil es von innen kam.

Jonas ging weiter und suchte nach einem Weg zurück ins Dorf. Ein kleiner Pfad, wahrscheinlich von Tieren ausgetreten, schien nach unten zu führen. Als Jonas die Hochfläche verließ, drehte er sich noch einmal um. Er hätte so gern das Feuer gesehen! Doch die grünen, felsigen Hügel waren leer.

Unschlüssig und enttäuscht blieb er stehen und schaute auf die Uhr: 7.15 Uhr.

Aber als er über die Steine sprang und über umgestürzte Bäume kletterte, entstand in ihm der Wunsch, der fast brennende Wunsch, dieses Feuer noch einmal zu sehen, oder zumindest der Macht, die hinter diesem Feuer stand, zu begegnen.

Er würde sich auf die Suche begeben. Denn das wurde ihm immer deutlicher: dieses Feuer strahlte eine Wirklichkeit aus, die mehr war als die Scheinwelt, in der er bisher gelebt hatte.

Als er gegen Mittag durch die Dorfstraße ging, blieben manche Leute stehen und schauten ihm nach, andere steckten die Köpfe zusammen, als sie ihn sahen, oder er hörte hinter sich Gekicher.

Er ging mit raschen Schritten zu seinem Quartier, machte leise die Tür auf und betrachtete sich in dem großen Spiegel, der im Flur hing.

Zuerst konnte er nichts Besonderes entdecken, aber dann begriff er: an seinem Gürtel hing noch die große, leere Lederhülle.

Langsam machte er sie los — und ging in sein Zimmer.

# Die grüne Wiese

Die letzten Februartage waren naß und feucht gewesen, und als ich eines Tages ziemlich kaputt und durchgefroren nach Hause kam, hatte ich nur noch das Bedürfnis, mich durchhängen zu lassen und abzuschalten. Ich wäre nie auf die Idee gekommen, daß ausgerechnet an diesem Abend etwas Ungewöhnliches geschehen könnte.

Die Beine hatte ich hochgelegt, die Schuhe ausgezogen, und vor mir, auf dem niedrigen Couchtisch, stand eine Schale mit Erdnüssen. Die elektronische Fernbedienung für den Fernsehapparat hielt ich in der Hand.

Der Tag war anstrengend gewesen. Es war keine wohltuende Müdigkeit in meinem Körper. Ich war immer noch angespannt, und das Gefühl, nicht viel erreicht zu haben, ließ in mir quälende Gedanken hochkommen.

Eigentlich wollte ich gleich ins Bett gehen, aber diese drängende Unruhe, nichts verpassen zu dürfen, bestimmte mich dann doch, das erste Programm einzuschalten.

Ich weiß gar nicht mehr, was damals genau lief. Auf jeden Fall hatte es nichts mit dem zu tun, was nachher geschah. Ich glaube, es war einer von diesen durchschnittlichen Krimis.

Ich muß wohl ungefähr eine halbe Stunde so zugebracht haben. Ich erinnere mich noch, daß die Erdnußschale fast leer gewesen war, als ich ein eigenartiges Frösteln an der rechten Schulter spürte, so als ob irgendwo rechts ein Fenster offen stünde.

Komisch, dachte ich, es gibt doch gar kein Fenster oder eine Tür an dieser Seite.

Gerade wollte ich mich wieder dem Programm zuwenden, da wurde meine Aufmerksamkeit erneut abgelenkt: In meinem rechten Blickwinkel, ganz außen, hatte sich etwas verändert. Ich schaute angestrengt in diese Richtung und wurde plötzlich hellwach.

Hinter dem langen Bücherregal, in dem Raum zwischen Regal und Wand, entdeckte ich helle Flecken auf dem Teppichboden. Das Beunruhigende dabei war, daß es keine Farbflecken waren, sondern leuchtende Streifen und Kreise, als ob Tageslicht auf den Boden fiele.

Das kann doch unmöglich sein, dachte ich und schaute auf die Uhr. Es war 22.30 Uhr, und außerdem befand sich an dieser Stelle eine massive Wand.

Halb ärgerlich, halb belustigt über mich selbst kämpfte ich mich aus dem Sessel heraus, um das Phänomen genauer zu untersuchen. Ich rechnete immer noch damit, daß es irgendeine lächerliche Erklärung dafür geben könnte. Aber in einer entlegenen Ecke meines Bewußtseins spürte ich eine gewisse Unruhe.

Ich kann bis heute nicht sagen, was ich damals zuerst gesehen habe, und es ist mir auch jetzt noch unmöglich, die Reihenfolge der Eindrücke exakt zu beschreiben.

Auf jeden Fall mußte ich blinzeln, denn der Übergang von künstlichem Licht zu Sonnenlicht ging einfach zu schnell.

Vor mir breitet sich eine riesige Sommerwiese aus. Es ist kein gepflegter Rasen, in keiner Form kultiviert, sondern wild und ursprünglich. Die Grashalme gehen mir fast bis zum Knie, und der Duft nach Gras, gemischt mit dem herben Geruch fremder Blumen, betäubt mich fast. Zögernd mache ich ein paar Schritte auf die Wiese zu, immer noch ungläubig. Ich schaue mich um. Rechts ist die Wiese begrenzt von einem See. Im Hintergrund dehnen sich braune Felder aus, und links erkenne ich die roten Dächer eines kleinen Dorfes.

Gedanken schießen mir durch den Kopf: Träume ich? Ist das Wirklichkeit? Der Kontrast zwischen Wohnzimmer und Wiese ist so stark, daß ich schockiert bin und vorsichtig rückwärts gehe, meine Hände nach hinten ausgestreckt, weil ich jeden Augenblick damit rechne, das Bücherregal zu berühren.

Aber ich berühre nichts. Noch einen Schritt. Meine Hände greifen ins Leere. Jetzt drehe ich mich ruckartig um. Hinter mir dehnt sich die Wiese weiter aus. Die Grashalme biegen sich von dem leisen Wind, der vom See her kommt, und ich höre das Summen der Bienen.

Ich fange an zu frieren.

„Sie müssen den Ledersessel vergessen und die Luft hier tief einatmen, dann frieren Sie nicht mehr“, höre ich neben mir eine Stimme.

Ich drehe mich um und erblicke einen Mann im feinen Nadel-

streifenanzug mit Krawatte und Weste. In der rechten Hand hält er einen Diplomatenkoffer. Sein Gesicht ist freundlich und offen, wie man es selten bei Menschen seiner Klasse findet. Noch etwas Merkwürdiges entdecke ich. Er hat keine Schuhe an, ist barfuß, und seine feine Anzughose hat er nachlässig bis übers Knie hochgekrempelt. Es sieht lustig aus.

,,Wer sind Sie, und woher kommen Sie?'' frage ich ihn.

,,Ich komme von einer langweiligen Geschäftssitzung und bin schon etwas länger hier. Vor ein paar Minuten habe ich Sie mitten auf der Wiese in einem Ledersessel sitzen sehen und eine Zeitlang beobachtet, wie Sie nicht gerade geistreich in eine bestimmte Richtung schauten und laufend Erdnüsse aßen. Dann sind Sie zögernd aufgestanden und vorsichtig einige Meter gegangen. Sie haben geblinzelt und ziemlich verwirrt ausgesehen, bis Sie endlich gemerkt haben, daß die Wiese tatsächlich existiert.''

,,Und wo ist mein Haus, mein Zimmer und all das?'' frage ich weiter.

,,Ich weiß es nicht'', erwidert er und kratzt sich am Kopf, ,,es ist in dem Augenblick verschwunden, als Sie nach dem Blinzeln einige Schritte nach vorn gingen. — Wissen Sie, ich gebe Ihnen den Rat, sich nicht mehr darum zu kümmern und sich hier auf dieses Land einzustellen, und Sie werden sehen, daß es Freude macht.''

,,Na hören Sie'', sage ich, ,,es ist doch keine Kleinigkeit, wenn einfach mein Haus verschwindet und ich plötzlich auf einer fremden Wiese stehe ...''

,,Ob es verschwunden ist, das weiß ich nicht'', sagt der Geschäftsmann und stellt seine Tasche auf den Boden, ,,es ist zumindest nicht zu sehen. Kommen Sie'', er schaut mich verwegen bittend an, ,,ziehen Sie die Schuhe aus, und dann machen wir einen kleinen Dauerlauf zum See.''

Immer noch zweifelnd streife ich meine Socken von den Füßen. Und im gleichen Augenblick, als meine Füße das Gras berühren, ist der Bann gebrochen. Ich lasse alle Gedanken und Zweifel fallen und renne einfach los, mitten in dieses lebendige Grasmeer hinein.

Zunächst habe ich einen kleinen Vorsprung, weil der andere nicht so schnell mit meinem Dauerlauf gerechnet hat, aber dann höre ich, wie er näher kommt.

Alte Erinnerungen steigen in mir hoch: Wettlauf zu Hause auf dem warmen Asphalt.

Es packt mich und ich laufe schneller. Aus irgendeinem Grund darf er mich nicht überholen. Aber er hat die Herausforderung angenommen und zieht mit.

Wie lange ist es her, daß ich mit jemand einen Wettkampf geführt habe? Es ist wunderbar, alles aus sich herauszuholen, zu laufen und zu laufen, das Gras unter den Füßen zu spüren, den Widerstand der Halme, den See vor sich zu sehen.

Keuchend werfen wir uns am Ufer des Sees auf den Boden. Keiner spricht ein Wort, nur unser rasches Atmen ist zu hören. Der Wind hat sich gelegt. Es ist ein stiller Sommernachmittag.

Ich stehe auf und gehe zu dem Holzsteg, der in den See gebaut ist. Das Wasser ist so ruhig und durchsichtig, daß man jeden einzelnen Stein, jede Unebenheit des Bodens mühelos erkennen kann.

Ich berühre mit meinen Fußspitzen das Wasser und schaue zu, wie die Steine im Rhythmus der Wellen zittern, als seien sie aus Papier.

Um mich her ist es so still, daß mich außer dem leisen Wellenschlag kein anderer Laut erreicht.

Der Herr im Anzug liegt auf dem Rücken und schaut in den Himmel.

Von der Sonne ist der graubraune Holzsteg, auf dem ich sitze, mit Wärme aufgeladen, und der Geruch alten Holzes steigt mir in die Nase.

Ich lege mich mit dem Rücken auf das warme Holz, die Arme hinter dem Kopf verschränkt und genieße die Ruhe. So könnte ich stundenlang liegenbleiben. Die Stille des Sees strömt in mich ein, und alles, was mich vor einigen Stunden beschäftigt hat, fällt leise von mir ab. Es löst sich nicht auf, sondern ich habe den Eindruck, meine Sorgen sind aufgehoben, aufbewahrt in guten Händen, jemand anderes, jemand mit mehr Überblick kümmert sich darum.

Ich hätte mir denken können, daß ER hier ist, daß ER mit seiner gewaltigen Ruhe dieses Land erfüllt, und ich kann es immer weniger verstehen, daß ich IHN vergessen hatte und die Ruhe in der Zerstreuung suchte.

Ganz behutsam stehe ich auf, um die Stille nicht zu vertreiben und gehe am Ufer des Sees spazieren. Manchmal bleibe ich bewundernd vor den alten, knorrigen Bäumen stehen, die sich im Wasser spiegeln. Ich lausche dem Wispern der Blätter und dem Gesang der Vögel, und es klingt, als ob sie sich über den Frieden unterhielten.

Ohne Vorbereitung überfällt mich der feuchte Nebel. Er kommt vom See her, aber ich bin schon so weit entfernt, daß ich die Spiegelung des Wassers nicht mehr erkenne.

Unversehens bin ich auf umgepflügten Boden gelangt. Die Schollen sind feucht, und ich sinke ein wenig ein, wenn ich gehe. Der Nebel ist so dicht, daß ich nur ein paar Schritte weit sehen kann.

Zuerst finde ich das Ganze spannend und anregend. An eine Gefahr denke ich überhaupt nicht. Ich gehe einfach zurück, in der Hoffnung, auf die Wiese zu stoßen. Aber der Acker hört überhaupt nicht auf. Ich fange an zu laufen. Die Wiese muß doch hier in der Nähe sein. Sollte ich so vollständig die Orientierung verloren haben?

Meine Füße sinken tiefer ein, manchmal bleibe ich sogar stecken, und mit einem schmatzenden Geräusch befreie ich mich jedesmal.

Die umgepflügte Erde hat längst aufgehört. Ich gehe auf dem schwankenden Boden eines moorähnlichen Geländes. Die Grasbüschel sind die einzigen festen Stützpunkte, auf die ich treten kann, ohne einzusinken. Der Nebel umgibt mich wie eine Wand.

Zuerst ist es nur der Ärger über das mühselige Vorwärtskommen, gemischt mit einer trotzigen Entschlossenheit, nicht aufzugeben. Aber dann, ganz heimlich, schleicht sich die Angst ein. Sie kommt kalt und feucht zu mir, wie der Nebel, der unter meine Kleider kriecht.

Keuchend bleibe ich stehen und lausche in den Nebel hinein: nichts! Als ob ich in einer abgeschlossenen Kabine säße. Ich rufe: „Hallo!" und habe den Eindruck, daß die Schallwellen nur zehn Meter weit reichen.

Mein Schweiß vermischt sich mit der Feuchtigkeit des Nebels auf der Haut.

Das Erlebnis am See kommt mir jetzt wie ein Traum vor. Die Angst hat nun ganz von mir Besitz ergriffen. Ich weiß ja nicht einmal, wo ich bin. Ich kenne das Land nicht. Es wäre ganz anders, wenn ich mich zu Hause irgendwo verlaufen hätte, dann wüßte ich, daß irgendwann etwas Bekanntes auftauchen könnte. Aber hier?

Zu allem Überfluß wird es jetzt auch noch dunkel. Die Angst, die irgendwie belebend war, ist jetzt verschwunden und hat einer Lähmung Platz gemacht. Es fällt mir schwer, klare Gedanken zu fassen. Nur ein einziger Gedanke wiederholt sich und setzt sich bei mir fest: Wenn ER in dem Land ist, in diesem Nebel und in der Nacht, dann gibt es einen Weg hinaus.

Fast von selbst flüstere ich das Wort: „DU“.

Ich hätte nie gedacht, daß dieses Wort solch eine Kraft hat. Ich wiederhole es mehrmals. Es wirkt wie ein alter Zauberspruch. Ich spüre, wie mächtig Worte sein können, wenn sie ausgesprochen werden. Ich schreie das Wort, zehnmal und mehr, und bei jedem Mal festigt sich etwas in mir: die Gewißheit, daß jemand da ist, daß ER da ist.

Blitzartig erkenne ich die Bedeutung von liturgischen Formeln, von Gebeten, die sich ständig wiederholen, von Liedern mit dem immer gleichlautenden Refrain. Es schockiert mich, daß das bloße Aussprechen und Wiederholen eines einzigen Wortes Energie freisetzen kann. Aber es kommt darauf an, daß es das richtige Wort ist und daß die Wirklichkeit, die es meint, tatsächlich existiert.

Eine Gelassenheit erfaßt mich, die noch stärker und grundlegender ist, als die Ruhe am See. Ich könnte jetzt ohne Angst die ganze Nacht hindurchwandern, durch Flüsse waten, über Berge klettern.

Und trotzdem bin ich erleichtert, als ich ein Geräusch vernehme, eine Art Klopfen, das nach zwei oder drei Schlägen aufhört. Irgendetwas fällt herunter, und dann folgt wieder das Klopfen.

Ich drehe mich in die Richtung dieses Geräusches und bemerke einen schwachen Lichtschein.

Vor mir verfestigt sich die Silhouette eines Mannes, der Holz spaltet. Das hellerleuchtete Fenster läßt die Konturen seines Gesichtes und des Hemdkragens deutlich erkennen. Im Innern des Hauses — Stimmen, die leiser werden und in ein Lachen münden. Kein übermütiges oder lautes Lachen, auch nicht hart und ironisch, sondern fröhlich und unbekümmert.

Der Mann mit der Axt scheint auf mich gewartet zu haben. Schweigend öffnet er die Tür und nickt mir zu, ich solle eintreten.

Um einen kleinen, runden Holztisch sitzen einige Leute, halb erhellt von einem Kaminfeuer auf der gegenüberliegenden Seite, und unterhalten sich leise.

Es tut gut, das knisternde Geräusch des Feuers zu vernehmen. Auf dem gemauerten Kaminsims hat sich eine Katze zusammengerollt und hebt blinzelnd den Kopf.

Ich bin sofort gefangen von der wohltuenden Atmosphäre des Raumes. Nach und nach erkenne ich Einzelheiten: Teppiche, Bilder, die an den Wänden hängen, Kerzen auf dem Tisch. Ein etwa zehnjähriger Junge liegt vor dem Kamin auf dem Bauch, den Kopf aufgestützt, und schaut dem Spiel der Flammen zu. Direkt daneben, in einem großen Ohrensessel, der mit rotem Samt ausgeschlagen ist, sitzt ein alter Mann. Sein langes, weißes Haar und sein Vollbart leuchten vor dem roten Hintergrund. Auf den Knien hält er ein in Leder gebundenes, zerfleddertes Buch, aus dem er dem Jungen gerade vorgelesen hat. Im Hintergrund höre ich jemand tief, fast schnarchend atmen.

Etwas befangen und unsicher bleibe ich stehen. Die Unterhaltung hat aufgehört, und alle schauen mich an. Es sind freundliche und neugierige Blicke.

Der Alte schließt bedächtig sein Buch, legt es auf ein kleines, zierliches Tischchen und erhebt sich. Er kommt auf mich zu und nimmt meine Hände. Es geht von ihm so etwas wie Würde und Herzlichkeit aus, und ich kann diesen Blick kaum ertragen, weil es für mich ungewohnt ist, mit echter Würde konfrontiert zu werden. Er umarmt mich ganz selbstverständlich und sagt mit einer festen Stimme: „Seien Sie willkommen bei uns!"

Dieser freundliche Empfang verwirrt mich. Warum diese Herzlichkeit? Sie kennen mich doch nicht?

Ein Stuhl ist frei, und ich werde aufgefordert, Platz zu nehmen.

Der Tisch in der Mitte ist etwas seltsam dekoriert: vier faustgroße Natursteine liegen in der Mitte, dazwischen stehen überall winzige Blumenvasen mit Gräsern und Wiesenblumen neben zwei dicken Bienenwachskerzen, deren Duft bis zu mir dringt. Am Rand, wie eine bunte Kette, die Becher. Jeder Becher ist völlig anders; es gibt Glas- und Steingutbecher, Becher aus feinem Porzellan und aus Metall, alle mit einer dampfenden Flüssigkeit gefüllt.

Ich habe noch nie solch einen ungewöhnlichen Tischschmuck gesehen, aber die Anordnung der Steine, der Vasen, Kerzen und Becher gleicht einer harmonischen Landschaft.

Ich habe einige Schwierigkeiten, aus meinem Steingutbecher zu trinken, der mir angeboten wird, denn er ist bis zum Rand gefüllt. Wenn ich ihn hochhebe, verschütte ich bestimmt den Inhalt.

Eine Frau in einem braungelben Folkloregewand sagt zu mir: „Sie müssen schon schlürfen, sonst geht es nicht!"

Ich schaue sie verständnislos an. Die anderen werfen sich verschmitzte Blicke zu.

,,Na los, Sie werden schon sehen, wozu das gut ist", erklärt meine Nachbarin.

Ich beuge mich hinunter und beginne verhalten zu schlürfen. Das Getränk ist eine aromatische Mischung aus Glühwein und unbekannten, würzigen Säften.

,,Lauter, lauter!" ruft ein junger Mann in einem grünen Pullover links neben mir. Ich schlürfe lauter, und alle klatschen Beifall und nicken mir aufmunternd zu.

Jetzt weiß ich auch plötzlich, wozu das Ganze gut ist. Dieses menschliche Geräusch hat mir geholfen, den Bann zu brechen und mir den Schritt in diese Gemeinschaft ermöglicht. Ich fühle mich ungezwungen und locker. Die peinliche Anfangssituation ist überwunden.

,,Schaut mal, er hat ja ganz schmutzige Füße und Beine!" ruft der Junge, der vor dem Feuer liegt. Alle starren auf meine Füße. Sie sind schwarz. Der Moorschlamm ist angetrocknet. Zum Glück merkt keiner, wie ich rot werde.

Während ich noch verzweifelt überlege, was ich tun oder sagen soll, spüre ich, wie jemand energisch meinen rechten Fuß packt und ihn in eine Schüssel mit warmem Wasser stellt.

Unbemerkt hat der Alte eine Schüssel geholt und kniet jetzt neben mir, um meine Füße zu waschen.

Das ist mir dann doch zuviel.

,,Bitte, tun Sie das nicht", sage ich erschrocken zu dem alten Mann, ,,ich kann das gut allein."

Aber er läßt sich nicht stören und fährt fort, meine Füße zu waschen.

,,Lassen Sie es geschehen", ermuntert mich wieder die Frau neben mir. ,,Erstens ist es notwendig, und zweitens ist das Dienen ein besonderes Vorrecht für uns. Sträuben Sie sich nicht dagegen, und es wird Ihnen gut tun."

Es fällt mir schwer, dieses Füßewaschen zu ertragen, vor allem von diesem alten, ehrwürdigen Mann. Muß es nicht für ihn entwürdigend sein, den Dreck zwischen meinen Zehen zu entfernen? Und wieso kann ich es nicht aushalten, bedient zu werden? Wieso sträubt sich etwas in mir, dieses Gastgeschenk anzunehmen? Ist es meine Angewohnheit, alles selbst zu erledigen, was mich betrifft, oder habe ich vielleicht ein gestörtes Selbstwertgefühl? Offensichtlich schätzt mich dieser alte Mann hoch ein, daß er es nicht unter seiner Würde empfindet, mir die Füße zu waschen ...

Plötzlich muß ich lachen, weil es kitzelt, und dann fange ich an, das Füßewaschen einfach zu genießen, das warme Wasser auf der Haut zu spüren, zu wissen: hier ist jemand, der mich für so wichtig hält, daß er vor mir kniet und meinen Schmutz abwäscht.

Bald ist er fertig und geht hinaus, aufrecht und selbstverständlich trägt er die Schüssel und das Handtuch.

Wenn ich nur freundlich begrüßt worden wäre oder mir alle die Hand gegeben hätten, das wäre irgendwie noch verständlich gewesen und in der üblichen Ordnung. Aber dieses Schlürfen und die Fußwaschung haben mich in diese Gemeinschaft unmittelbar hineingenommen, stärker noch als es Worte vermögen.

Links neben mir wird die Unterhaltung zwischen dem jungen Mann im grünen Pullover und einer alten Frau immer lebhafter: „Nein, Sie müssen sich irren“, ruft er plötzlich laut, „ich bin absolut sicher, daß das Andante im ersten Satz die Beschreibung einer Naturszene ist und auch bewußt so komponiert wurde!“

Das Schnarchen stockt bei diesen Worten, und der kleine Junge ruft ärgerlich zum Tisch hinüber: „Kannst du nicht ein bißchen leiser reden? Ich kann kaum etwas von meinem Märchen verstehen?“

Der Angeredete schaut sich verwirrt um und lächelt plötzlich, bevor er leiser, aber eindringlich seine Argumente weiter ausführt. Gleichzeitig setzt das Schnarchen wieder ein.

Ich wende mich an meine Nachbarin: „Wer schnarcht hier eigentlich die ganze Zeit?“

Sie lacht und legt mir die Hand auf meinen Arm: „Das ist Georg. Schauen Sie, er liegt hinter dem großen Sessel.“

Ich beuge mich vor und entdecke einen riesigen Bernhardiner, der auf der linken Seite liegt, die Beine von sich gestreckt.

„Und haben die Bilder an der Wand irgendeine Bedeutung?“ frage ich weiter. Sie sind mir schon vorher aufgefallen, eigenartige Bilder, Menschen und Landschaften sehr lebendig gemalt. Direkt mir gegenüber: eine hügelige Graslandschaft mit Bäumen, milchig verschwommen, und ein Gesicht.

Nach einer Stille antwortet sie: „Das sind die Bilder unserer Feinde.“

Sie deutet auf das Bild, das ich betrachte: „Das ist zum Beispiel mein Feind, der Nebel, das, was mich ständig bedroht. Ich habe nicht nur Angst vor ihm, einer meiner Freunde befindet sich darin und hat sich verirrt. Vielleicht werde ich ihn irgendwann einmal finden."

„Aber warum hängen dann diese Bilder an der Wand? Es genügt doch, wenn man das weiß", frage ich weiter.

Die junge Frau schweigt und schaut nachdenklich zum Kamin hinüber. „Wissen Sie, wir wollen keine falsche Gemütlichkeit. Man kann die Nebel schnell vergessen, und dann kommen wir in eine Stimmung, die würdelos oder albern wird und die wir gar nicht wollen."

Eigenartig, denke ich, eigentlich müßte man doch froh sein, die Gefahr zu vergessen, und diese Leute wollen sie gerade nicht vergessen, und trotzdem sind sie fröhlich.

Und dann trifft es mich wie ein Blitz. Ahnungslos habe ich die anderen Bilder angeschaut und blicke plötzlich in die Augen eines Mannes, den ich am allerwenigsten hier erwartet hätte. Das Gesicht ist so lebendig gemalt, daß ich mich unwillkürlich an meinem Stuhl festhalte.

Es ist das Portrait des Menschen, der mir seit Jahren mein Leben schwermacht. Mit einem Schlag ist meine schöne, gelöste Heiterkeit dahin. Er hat sie zerstört. Was hat er hier zu suchen, ausgerechnet er? Habe ich denn nie Ruhe vor ihm? Kalt und spöttisch blickt er mich an.

In diesem Augenblick steigt in mir mit großer Macht ein Haß hoch, den ich bisher noch nicht kennengelernt hatte, ein klarer, kalter Haß.

Wie oft hatte er mich bloßgestellt und mir seine Verachtung gezeigt. Nach außen hin war er freundlich gewesen. Oder kam es mir nur so vor?

Aber das ist mir jetzt gleichgültig. Es gibt keinen Menschen, der mich so tief verletzt hat wie er. Er hat es gewagt, in meinen Frieden einzubrechen.

Wie kommt er hierher? „Wer hat dieses Bild gemalt?" Den letzten Satz habe ich laut gesprochen.

„Wer ihn gemalt hat?" fragt meine Nachbarin, und sie schaut mir direkt ins Gesicht. „Das müßten Sie doch am besten wissen."

Ich senke den Kopf und ich weiß es: Zug um Zug bis in alle Einzelheiten von mir selbst gemalt, über Jahre hinweg, manchmal voller Wut, manchmal genüßlich die Details auskostend, manchmal ohne es zu merken.

Wie aus weiter Ferne höre ich die Geräusche um mich herum: das Schnarchen von Georg, das Klingen eines Glases, die Stimmen um den Tisch, einzelne Wortfetzen, das Knistern und Prasseln des Feuers.

Der Mann, der vor dem Haus das Holz gehackt hat, kniet neben dem Kamin und legt bedächtig zwei große Buchenscheite auf die Flammen.

Und dann höre ich, mitten in meine bedrückenden Gedanken hinein, die tiefe Stimme des alten Mannes: „‚Steh auf', sprach die Jungfrau, ‚und schwinge dein Schwert dreimal über die Treppe, so ist alles erlöst.' Und als er das getan, da ward das Schloß vom Zauber befreit, und die Jungfrau war eine reiche Königstochter. Und abends ward in großen Freuden die Hochzeit gefeiert."

Langsam legt der Weißhaarige ein rotes Band zwischen die Seiten, klappt das Buch zu und nickt dem Jungen zu: „Du mußt jetzt ins Bett."

Unwillig und zögernd gehorcht er, umarmt den Alten und geht durch eine der Türen.

„Ja, wenn es so einfach wäre", murmele ich vor mich hin.

„Was sagten Sie?" fragt mich die Frau in dem Folkloregewand.

„Ich sagte, wenn es so einfach wäre wie in diesem Märchen, dann könnte auch ich mich von dem bösen Zauber meiner Feindschaft befreien."

„Nun, so einfach war das gar nicht", erwidert sie. „Sie haben ja nur den Schluß gehört. Vorher mußte der Königssohn gefährliche Kämpfe mit einem Riesen bestehen und drei Nächte in dem verzauberten Schloß zubringen, wo ihn die Teufel gequält und so zugerichtet haben, daß er meinte, sterben zu müssen."

„Und welche Kämpfe müßte ich Ihrer Meinung nach auf mich nehmen, damit ich zum Schluß auch das Schwert über die Treppe schwingen kann?"

„Es wäre schon viel, wenn Sie auf Ihre Rache verzichten würden, auf Ihre spitzen Bemerkungen und auf Ihre bitteren Zweifel ihm gegenüber."

Ich schaue sie mit großen Augen an: „Ich dachte immer, das wäre zu wenig; man muß doch die Feinde lieben!"

„Das stimmt schon", nickt sie und lächelt, „aber warum wollen Sie die Stufen überspringen und das Schwerste und Höchste zuerst tun? Wenn Sie dahin kommen, ihn zu achten, dann ist das eine gute Basis, und vielleicht wächst dann eines Tages wirkliche Liebe.''

Ich halte meinen Becher zwischen den Händen und schaue auf einen der Steine, der mit Feldspat durchsetzt ist und durch das flackernde Feuer ab und zu aufleuchtet.

,,Manchmal habe ich den Eindruck, daß ich keinen Millimeter aus meiner eigenen Haut herauskommen kann.''

Sie antwortet nichts und nickt nur leise mit dem Kopf.

Ich merke kaum, wie die Zeit vergeht und bin überrascht, wie angenehm und anregend das weitere Gespräch ist, ohne oberflächlich zu sein.

Das Feuer ist heruntergebrannt und glüht nur noch. Einige stehen auf und verabschieden sich von dem Alten. Ich schließe mich an, weil ich merke, wie müde ich bin. Zwischendurch werfe ich einen schnellen Blick auf das Bild, das mich nicht mehr so erschreckt wie am Anfang.

Ich werde in einen langen Flur geführt, der auf beiden Seiten viele Zimmertüren hat. Der junge Mann mit dem grünen Pullover zeigt mir meine Tür und verabschiedet sich — fast etwas zu überschwenglich.

Ich öffne und bin enttäuscht über die kalte Atmosphäre. Ein eigenartiges, schrilles Geräusch erfüllt das Zimmer. Es kommt von einer Art Fenster, das matt herüberschimmert. Ein Sessel und eine Bücherwand, die nicht zusammenpassen!

Und dann begreife ich: es ist mein eigenes Zimmer, und das matte Fenster kann nur der Fernseher nach Sendeschluß sein.

Ich drehe mich um, und wie ich es geahnt habe, ist die Tür, durch die ich gekommen bin, verschwunden. Nur noch die Wand ist zu sehen.

Nachdenklich bleibe ich stehen. Dann gehe ich zum Fernsehgerät und schalte es aus.

Später habe ich noch oft über das alles nachgedacht, und manchmal kommt es mir vor, als ob ich von diesen Erlebnissen verfolgt würde. Aber das ist gut! Es hilft mir, wenn ich in der Gefahr stehe, Zerstreuung mit Ruhe zu verwechseln und wenn ich den aus den Augen verliere, der meine Welt und diese andere Welt gemacht hat.

Nur eines begreife ich nicht: meine Socken kann ich bis heute nicht mehr finden. Ich muß sie auf der grünen Wiese vergessen haben ...

Eine Nacherzählung von Psalm 23

*Als begleitende Lektüre ist zu empfehlen:*
*1. Petr. 5,7; Luk. 10,41; Ps. 127,2; Hes. 34,14; Joh. 10,9; Phil. 3,13; Jes. 49,10; Matth. 11,29; Hebr. 4,9; Apg. 2,46; Joh. 13,1-15; Röm. 12,19; Röm. 12,10 + 14 + 20 + 9 + 21.*

# Der Brieföffner

Joseph S. spürte ein merkwürdiges Kribbeln im Rücken, während er seine Post sortierte. Er hatte einen Keramikbecher mit heißem Kaffee neben sich gestellt und nippte zwischendurch daran. Sein Schreibtisch stand genau vor dem Fenster, und er konnte zwischen den großen Kastanienbäumen die Dorfstraße beobachten, die jetzt um die Mittagszeit völlig unbelebt war.

Während er eine Bücherrechnung studierte, spürte er wieder dieses Kribbeln im Rücken. Merkwürdig, dachte er, es ist doch gar nicht kalt. Und dann stieg ein Gedanke in ihm hoch, der ihn erstarren ließ: irgendjemand stand hinter ihm.

Er ließ sich nichts anmerken, legte die Rechnung beiseite, ergriff den nächsten Brief und den Brieföffner aus Metall und wirbelte blitzschnell herum.

Vor ihm stand ein Mann in einem hellen Mantel und schaute ihn an. Das Beunruhigende war, daß von dem Fremden eine Art Leuchten ausging — oder die Umgebung schien um ihn her zu verblassen und zu verschwimmen.

Joseph S. ließ den Brieföffner fallen, seine einzige Waffe, und blieb wie gelähmt sitzen. Aufzustehen wagte er nicht, es wäre ihm wie lächerlicher Hochmut erschienen, als ob er sich mit dem Mann messen wolle. Das dumpfe Geräusch des fallenden Öffners auf den Teppichboden klang ihm noch laut und fremd in den Ohren.

„Haben Sie keine Angst“, sagte der Mann in dem hellen Mantel, „ich werde Ihnen nichts Böses tun.“

Seine Stimme klang fest, und es schwang ein Ton von unbedingter Zuverlässigkeit mit, so daß Joseph S. sich entspannte. Aber sofort verkrampfte er sich wieder, als der Gedanke sich in ihm breitmachte, der Besucher sei eine Halluzination, eine Einbildung seines übermüdeten Gehirns.

„Ich bin keine Einbildung“, fuhr der Besucher fort, als ob er auf die Gedanken von Joseph antwortete, „ich komme aus einer anderen Welt, oder ...“, hier zögerte er etwas und ergänzte den angefangenen Satz mit einem winzigen Lächeln, „oder aus einem anderen Universum, wie man heute sagt.“

Allmählich fand Joseph S. seine Fassung wieder. „Was wollen Sie von mir", fragte er mit belegter Stimme, „und wie sind Sie hier hereingekommen?"

Wie aus weiter Ferne hörte er das dröhnende Geräusch eines Lastwagens näher kommen und sich entfernen.

„Und wer sind Sie?" fügte er noch hinzu, weil der andere stumm blieb.

„Früher nannte man uns Engel", begann der Fremde. „Ich weiß nicht, wie man uns heute nennen müßte? Vielleicht *Beauftragte des übergeordneten Universums* ..."

„Augenblick", unterbrach ihn Joseph S., der inzwischen aufgestanden war und mit dem Rücken zum Schreibtisch stand. Das Interesse an dieser Begegnung überwog jetzt seine anfängliche Angst. „Sie wollen doch nicht behaupten, daß es neben unserem Universum mit seinen Millionen oder Milliarden von Sonnensystemen noch ein anderes Universum gibt! Oder kommen Sie von einer anderen Milchstraße?"

„Sie haben richtig gehört", antwortete der Engel und lächelte etwas nachsichtig, „es gibt ein anderes Universum."

Joseph blickte mit zusammengezogenen Augenbrauen in die Richtung seines Bücherregals und vermied es, den Fremden anzuschauen.

„Aber ... dann müßten Sie ja unvorstellbare Entfernungen zurückgelegt haben, wenn Sie aus einem Bereich kommen, der hinter unserem Universum liegt."

Der Besucher gab ein Geräusch von sich, das sich wie ein Seufzen anhörte und erwiderte:

„Das Universum, von dem ich geschickt wurde, ist übergeordnet. Es durchdringt diese Welt, weil es eine höhere Art von Materie ist. Ich bin nicht hierhergekommen, sondern nur für Sie sichtbar geworden."

Hier änderte sich sein Tonfall und wurde irgendwie strenger: „Es ist merkwürdig", fügte er hinzu, „das Wissen um diese Dinge scheint bei den Menschen nachgelassen zu haben. Als ich vor fünfhundert Jahren mit einem Menschen sprach, hatte er nicht so viele Fragen."

Joseph S. schloß die Augen und fuhr sich über die Stirn. Ihn schwindelte. Er merkte, wie nach und nach sein Weltbild in sich zusammenstürzte. Sein Leben lang war er es gewohnt, in einer

Welt zu leben, wo sich alles auf einer Ebene abspielte. Aber nun war der Engel in seine überschaubare Welt eingebrochen und zwang ihn, mit einem zweiten Universum zu rechnen, das ihn unsichtbar umgab, von allen Seiten. Das antike Weltbild war zwar in seiner Räumlichkeit überholt, aber nicht in seiner Grundidee von einem übergeordneten Himmel, in dem die Götter thronten.

Joseph S. ließ sich in den Stuhl fallen und sagte halb verstört und halb ironisch:

„Und nun sagen Sie bloß noch, die Götter hätten Sie geschickt, um mir etwas mitzuteilen."

Der Engel ging nicht direkt darauf ein, sondern richtete feierlich seine Botschaft aus:

*„Mach dich auf und suche den,*
*Der im Zentrum aller Himmel wohnt,*
*Durch den das All geschaffen ist,*
*Er wurde Mensch und brach den Bann des Bösen."*

Als Joseph aufblickte, war niemand mehr im Zimmer.

Lange Zeit blieb er wie betäubt regungslos an seinem Schreibtisch sitzen und bewegte die Worte des Engels in seinem Innern:

*„Mach dich auf und suche den,*
*Der im Zentrum aller Himmel wohnt ..."*

Dann nahm Joseph seinen Kaffee, der inzwischen kalt geworden war, ging in die Küche und schüttete ihn in das Spülbecken.

An den folgenden Tagen wirkte Joseph S. zerstreut. Wenn er nach Hause kam, passierte es oft, daß er seinen Schlüssel verlegte und ihn erst nach mehrmaligem Suchen wiederfand.

Seine Kollegen im Büro mußten ihre Fragen an ihn manchmal wiederholen, bis er reagierte.

Joseph saß nicht mehr so oft am Schreibtisch wie früher, sondern nahm die Post mit ins Wohnzimmer, an den Eßtisch.

Doch an einem Abend, den er ausnahmsweise mit einem Becher Kaffee an seinem Schreibtisch verbrachte, fiel ihm plötzlich die ganze Szene wieder ein, und der Rhythmus der Worte setzte sich in seinen Gedanken fest. Jetzt erst fiel ihm auf, daß die Botschaft des Engels in einem gewissen Metrum formuliert worden war:

*„Mach dich auf und suche den,*
*Der im Zentrum aller Himmel wohnt ..."*

Minutenlang sagte er den Satz immer wieder vor sich hin, bis er merkte, daß er ihn nicht mehr los wurde, wie eine Melodie, die sich festsetzt und nicht mehr verschwindet.

Er wurde unruhig und zog ärgerlich seine Augenbrauen zusammen, dann hielt er sich die Ohren zu.

Schließlich wurde er so erregt, daß er den Brieföffner, der vor ihm lag, in die Hand nahm, sich umdrehte und ihn mit voller Wucht gegen den Schrank schleuderte, ungefähr dorthin, wo der Besucher vor einigen Tagen gestanden hatte.

„Ich will damit nichts mehr zu tun haben!" stieß er hervor.

Der Brieföffner blieb mit der Spitze im Holz stecken, und man hörte das leise Vibrieren des Metalls. Erschrocken sprang Joseph auf und zog ihn heraus.

Seit diesem Zwischenfall wurde Joseph S. wieder ruhiger und ausgeglichener. Er reagierte auf Fragen so wie früher und saß auch wieder regelmäßig an seinem Schreibtisch.

Und langsam vergaß er einzelne Bilder der Szene mit dem Engel und dann die Worte.

Bis er zum Schluß der Meinung war, das Ganze sei eine Einbildung gewesen, Auswüchse seines überarbeiteten Gehirns!

Den Brieföffner verschenkte er später.

# Das Geschenk

1.
Die Sonnenstrahlen fielen schräg durch das halbgeöffnete Fenster und blieben auf seinem Gesicht liegen. Johannes blinzelte und schlug die Augen auf. Im Badezimmer hörte er das Rauschen der Dusche.

Er setzte sich auf die Bettkante, stützte seinen Kopf in beide Hände und betrachtete das Muster auf dem Teppichboden: dunkel- und hellbraune Streifen ineinander verwoben.

Johannes stand auf und ging ins Wohnzimmer. Obwohl die Fenster die ganze Nacht geöffnet waren, hing noch immer ein leichter Geruch von Rauch und Rotwein in der Luft.

Während er auf den Balkon trat, dachte er an gestern abend, an die kleine Feier mit seinen Freunden. Auf dem Tisch war der dunkle Fleck von dem Wein zu sehen, den er verschüttet hatte.

Johannes konnte nicht einmal genau sagen, ob der Abend schön gewesen war. Worüber hatten sie sich unterhalten? — Er wußte es nicht mehr.

Das Geländer des Balkons war noch naß vom Tau. Zwischen den Stäben glitzerte ein Spinnennetz.

Das Rauschen im Badezimmer verstummte, und gleichzeitig klingelte es.

Johannes zögerte. Dann ging er zum Schlafzimmerschrank, griff nach dem Morgenmantel und suchte seine Hausschuhe unter dem Bett. Wieder klingelte es.

„Gehst du an die Tür, Johannes?" hörte er Sybilles Stimme.

„Ja, ja, ich geh' schon", rief er, öffnete die Tür und klapperte die Stufen hinunter. Es war Samstagmorgen, und die Haustür war noch nicht geöffnet. Schimpfend machte Johannes kehrt, um die Schlüssel zu holen. Es klingelte wieder.

„Was ist denn los? Macht denn hier niemand auf?" rief Sybille aus dem Badezimmer.

„Ich mach' schon die ganze Zeit auf!" brüllte Johannes ärgerlich und hastete mit dem Schlüssel die Treppe hinunter. Als er aufgeschlossen hatte, stand ein junger Mann vor der Tür, der ein kleines Paket hochhielt.

„Für Sie", grinste er. Man sah ihm an, daß es ihm Spaß machte, Leute am Samstagmorgen zu stören.

Johannes nahm das Päckchen entgegen, betrachtete es flüchtig und sagte: „Vielen Dank."

Der junge Mann blieb unschlüssig stehen. Johannes wußte genau, daß er auf ein Trinkgeld wartete, aber er hatte keine Lust, noch einmal nach oben zu rennen, und so sagte er mit einem Ton, der die ganze Angelegenheit beenden sollte: „Vielen Dank!" und schloß die Tür.

„Wer war es denn?" fragte Sybille, die mit nassen Haaren, den Fön in der Hand, aus dem Schlafzimmer kam.

„Ach, es ist wahrscheinlich ein verspätetes Geburtstagsgeschenk", winkte Johannes ab.

„Und von wem?" fragte sie weiter.

Johannes drehte das Päckchen in alle Richtungen. „Es steht kein Absender drauf."

„Komisch!" sagte Sybille und knipste den Fön an.

Neugierig geworden riß Johannes das Packpapier auf und öffnete die kleine Schachtel. Zu seiner Überraschung lag, in Watte eingewickelt, ein Brillenetui darin. Johannes runzelte die Stirn. Sollte das ein Scherz sein, ein dezenter Hinweis, daß er älter wurde und eine Brille brauchte?

Verstimmt legte er die Schachtel auf die Flurkommode und ging ins Badezimmer.

Wenn er nichts Besonderes vorhatte, nahm sich Johannes samstags morgens mehr Zeit für die Morgentoilette als sonst. Er hatte sich angewöhnt, seinen Vollbart einmal in der Woche zu kürzen und in Form zu bringen.

Während er vorsichtig mit Kamm und Schere hantierte, betrachtete er prüfend sein Gesicht im Spiegel. Er fand, daß er eigentlich gut aussah. Sein schwarzes Haar war sehr dicht und ließ kaum Geheimratsecken erkennen. Er zog seine Lippen zurück und bleckte die Zähne, die gleichmäßig gewachsen waren. Seine Eltern hatten darauf geachtet, daß er als Junge regelmäßig eine Zahnklammer trug.

Er war jetzt mit dem Schneiden fertig und drehte den Kopf in verschiedene Richtungen. Eine Welle von Selbstzufriedenheit überflutete ihn.

Johannes gehörte zu den Menschen, die von sich glaubten, daß sie etwas Besonderes seien, origineller und klüger als andere. Er glaubte fest daran, daß seine Meinungen, die er in Gesprächen äußerte, meistens gut waren und über dem Durchschnitt lagen.

Aus seiner Studentenzeit hatte er sich eine eher linksgerichtete Einstellung angewöhnt, die er aber auf ein ertragbares Mittelmaß gebracht hatte. Er war auch einmal bei einer Demonstration gegen Kernkraftwerke dabeigewesen, worauf er stolz war. Zum Schluß war sie zu einer kleinen Schlägerei mit der Polizei ausgeartet. Ab und zu, wenn es paßte, ließ er das bei Gesprächen einfließen. Ihm selbst fiel es nicht auf, wie häufig und genießerisch er es jedesmal erzählte. Nur seine Frau warf ihm dann einen Blick zu, wenn er zu oft davon anfing.

Johannes hatte einen gutbezahlten Beruf als Journalist bei einer Wochenzeitung, der ihn ausfüllte, und er fand, daß seine Artikel mit zu den besten der Zeitung gehörten.

„Und außerdem", murmelte er und spülte seine Rasierklinge ab (er schwor auf Naßrasur), „habe ich eine Frau, die sich sehen lassen kann." Er dachte dabei mehr an seinen guten Geschmack als an seine Frau.

Aus der Küche hörte er das Blubbern der Kaffeemaschine.

„Ich geh' schon mal los", sagte Sybille und steckte ihren Kopf ins Badezimmer, „du weißt, wir haben heute Lehrerkonferenz — leider."

„Ach ja", erwiderte Johannes abwesend.

Sie trat auf ihn zu und küßte ihn flüchtig auf den Mund. Einen Augenblick roch er den Duft ihres Parfums und sah ihr gelbes T-Shirt im Türrahmen verschwinden.

Seufzend zog er sich an und setzte sich an den Frühstückstisch. Während er sich eine Toastschnitte in den Mund steckte, erinnerte er sich an das Päckchen.

Kauend stand er auf und holte es von der Flurkommode. Er betrachtete noch einmal die Schrift, aber es war nichts Auffälliges an ihr zu erkennen. Sein Name und seine Adresse waren in großen Druckbuchstaben geschrieben. Er hielt das Packpapier direkt vor seine Augen, um den Poststempel zu entziffern. Aber der Name des Ortes war verwischt und unleserlich.

Johannes holte die Brille aus dem Etui, ein leichtes, silbernes Brillengestell mit großen Gläsern, die sauber geputzt waren.

Er setzte sie auf und schaute umher. Sie paßte ausgezeichnet und drückte auch nicht über den Ohren. Entweder schaute er durch Fensterglas, oder die Gläser waren sehr schwach.

Johannes stand auf, ging auf den Balkon und betrachtete durch die Brille die Dächer und Bäume. Er nahm sie ab und verglich. Nichts! Er merkte keinen Unterschied.

Er ging zum Frühstückstisch zurück, holte die Zeitung, setzte die Brille auf und nahm sie wieder ab. Er konnte keine Veränderung feststellen.

Nachdenklich nippte er an seinem Kaffee, der inzwischen lauwarm geworden war und kratzte sich am Kopf. Wer konnte ihm die Brille geschickt haben? Sie war neu, und das Gestell sah teuer aus.

Es konnte nur ein Scherz sein! Er würde versuchen, unauffällig seine Bekannten auszufragen.

Mit diesem Gedanken legte er das Geburtstagsgeschenk in die Schachtel zurück und stellte es auf einen freien Platz in seinem Bücherregal. Dann strich er sich die zweite Scheibe Toast und schnitt sich ein dickes Stück Tilsiter ab.

2.

Lange Zeit blieb die Schachtel mit der Brille unbeachtet auf dem Bücherregal liegen. Johannes hatte sie schon fast vergessen. Aber eines Abends, als er und Sybille mit einem seiner Kollegen zusammen aßen, fiel Johannes das seltsame Geburtstagsgeschenk wieder ein.

Die Unterhaltung war gerade zum Stocken gekommen, man hörte das Klappern des Bestecks, das seltsam laut klang, weil die Schallplatte zu Ende war. Irgendwie war noch kein richtiges Gespräch zustande gekommen. Das anfängliche Geplauder über Berufliches hatte sich totgelaufen, und Sybille war immer schweigsamer geworden.

Johannes fühlte sich verpflichtet, irgendetwas zu sagen, bevor die Pause peinlich wurde. Er räusperte sich und begann in einem zwanglosen Ton von dem Päckchen zu erzählen. Sybille wurde wieder aufmerksam. Sie hatte auch nicht mehr daran gedacht.

,,Und wißt ihr, was in der Schachtel lag?" fragte Johannes und nahm einen Schluck von dem guten Weißwein. ,,Ihr kommt nicht drauf ..."

Johannes genoß die gespannte Aufmerksamkeit und sagte dann lächelnd: ,,Eine Brille!"

,,Eine Brille?" fragte sein Kollege überrascht, und Sybille, die sich verschluckt hatte, fing an zu husten.

,,Und was hast du damit gemacht?" fragte Sybille, nachdem sie sich beruhigt hatte.

,,Nichts", erwiderte Johannes und trank sein Weinglas leer. ,,Ich habe sie aufgesetzt, sie paßt, aber die Gläser sind aus Fensterglas oder sehr schwach."

Sybille schaute ihn an: ,,Hol sie doch einmal her und setz sie auf."

,,Ja", sagte sein Kollege, ,,mich würde das auch interessieren." Er war froh, daß eine Abwechslung kam.

Johannes, der die Brille aufgesetzt hatte, blieb im Raum stehen und ließ sich bewundern, und nachdem er mehrmals gehört hatte, wie gut sie ihm stehe, behielt er sie einfach für den Rest des Abends auf.

Es mußte ungefähr eine Stunde später gewesen sein, als mit Johannes eine merkwürdige Veränderung vor sich ging. Es fing damit an, daß er in Sybilles Gesicht eine Falte im Mundwinkel entdeckte, die ihm bisher entgangen war. Ihm fiel plötzlich ein, wie wenig er von ihren beruflichen Problemen wußte. Er hatte einfach nie nachgefragt, und wenn sie davon erzählt hatte, war er mit seinen Gedanken woanders gewesen.

Dann sah er, daß ihre Augen müde blickten, keine körperliche Müdigkeit, sondern wie nach einer Enttäuschung.

Sybille spürte, daß Johannes sie anschaute und erwiderte erstaunt seinen Blick, wendete sich aber gleich darauf wieder ab.

Es ist merkwürdig, dachte Johannes, seiner Frau einfach so in die Augen zu blicken.

So sehr er sich auch bemühte, er wurde die Gedanken über sie nicht mehr los, und seine Unruhe wuchs.

Mit einem Mal schlug seine Stimmung um, und er fühlte eine heftige Zuneigung zu ihr. Er hatte den brennenden Wunsch, ihr stundenlang zuzuhören und ihr irgendwie zu helfen.

Als ihr Besucher gerade ins Badezimmer ging, sagte Sybille zu Johannes: ,,Was grinst du mich die ganze Zeit so komisch an? Deinem Kollegen ist das auch schon aufgefallen. Was ist denn mit dir los?"

Johannes, der durch Sybilles Worte aufgeschreckt wurde, sagte hastig: „Es ist nichts." Und nach einer Pause: „Man darf doch seine eigene Frau mal anschauen!"

„Ja, aber doch nicht so penetrant", erwiderte Sybille verlegen.

Sie stand auf und trug das schmutzige Geschirr in die Küche. Johannes half ihr.

Nach einer Weile schaute ihr Besucher zur Küche herein und erklärte in lockerem Ton, daß er eigentlich jetzt los müsse. Sie seien doch nicht böse? Das Essen sei wunderbar gewesen, aber er müsse noch etwas Dringendes erledigen, und die Brille stehe Johannes wirklich gut. Sie brauchten ihn nicht nach unten begleiten, er finde selbst die Haustür.

Johannes und Sybille hatten nichts dagegen. Der Abend war irgendwie zähflüssig gewesen, und sie waren froh, wieder allein zu sein.

Johannes lag an diesem Abend noch lange wach im Bett, die Hände hinter dem Kopf verschränkt. Neben sich hörte er Sybille ruhig und tief atmen.

Es schmerzte ihn ein wenig, daß sie seine Gefühle nicht gleich erwidert hatte; oder wollte sie es nur nicht zugeben?

Nachdem ihr Gast gegangen war, hatte Johannes versucht, ihr zu erklären, daß er eine neue Zuneigung zu ihr gefaßt habe. Sybille war leicht rot geworden und hatte nicht viel dazu gesagt. Johannes lächelte unwillkürlich, als er daran dachte. Hatte er erwartet, sie würde ihm gleich um den Hals fallen, nachdem er jahrelang neben ihr hergelebt hatte?

Was war das bloß, das an diesem Abend über ihn gekommen war? Liebe vielleicht?

Bisher war Liebe für ihn eine Mischung aus Sexualität und Sentimentalität gewesen. Daß Liebe mit Schmerzen, mit Zurückgewiesensein, mit Sich-Sorgen-machen zu tun haben könnte, war ihm ganz neu.

Mit diesem Gedanken drehte er sich auf die Seite und schlief ein. Aber sein Schlaf war unruhig. Er schwitzte und wälzte sich hin und her. Schließlich wachte er auf.

Das Zimmer lag in dem unwirklichen Licht des Vollmondes.

Es mußte ein Traum gewesen sein, der ihn aufgeschreckt hatte.

Er setzte sich auf und schaute auf die Uhr: 1.30 Uhr.

Und dann durchzuckte ihn der Gedanke, daß die Veränderung, die sich bei ihm bemerkbar gemacht hatte, mit der Brille zusammenhing. Er schüttelte in Gedanken den Kopf. Eine Brille kann einem helfen, Gegenstände klarer zu sehen, aber sie kann nicht seelische Veränderungen bewirken.

Ihm fielen Redewendungen ein: „Etwas durch eine andere Brille sehen" oder „Etwas durch eine rosarote Brille betrachten".

Nun, das waren Vergleiche, aber es wäre doch absurd, sich vorzustellen, daß man eine richtige Brille aufsetzen kann und die Wirklichkeit sich dadurch verändert.

Das gibt es höchstens in Märchen oder Sagen. Da gibt es Zauberstäbe und Zauberbücher.

Was wäre aber, wenn es nun Zauberbrillen gäbe, die denjenigen verändern, der sie aufsetzt?

Johannes betrachtete den Nachttisch, auf dem die Brille lag, zusammengeklappt, mit den Gläsern nach oben. Er nahm sie in die Hand und drehte sie hin und her. Er konnte nichts Auffallendes daran entdecken, keine eingeritzten magischen Zeichen, keine geheimnisvolle Ausstrahlung.

Aber er mußte herausfinden, ob sein Verdacht stimmte, und das ging nur, wenn er die Brille in der nächsten Zeit regelmäßig aufsetzte und abwartete, was passierte.

Nach diesem Entschluß legte Johannes sich wieder hin und war in ein paar Minuten eingeschlafen.

Die Brille lag auf dem Nachttisch und leuchtete, weil sich das Mondlicht in den Gläsern spiegelte.

3.

Anfangs machte sich Sybille lustig über die neue Brille, die Johannes nun ständig trug, und er mußte ihr mehrmals versichern, daß er den Eindruck habe, sie würde seinen Augen guttun.

Unter seinen Kollegen hatte er den Ruf, er würde die Brille aus Eitelkeit tragen. In den ersten Tagen machte ihm das zu schaffen, aber er und die anderen gewöhnten sich daran, und nach einer Woche war es selbstverständlich, daß er sie trug. Ja, sie paßte so ausgezeichnet, daß er sie bald nicht mehr spürte.

Johannes hatte sich ein Tagebuch angeschafft, um die Wirkungen der Brille genau zu registrieren, um herauszufinden, ob sich tatsächlich etwas ändern würde. Er wollte versuchen, in seinem Verhalten anderen gegenüber nichts von sich aus zu unternehmen.

2.8.
Die erste Aufregung über meine neue Brille hat sich gelegt. Ich habe mich an sie gewöhnt. Keine besonderen Wirkungen!

4.8.
Wahrscheinlich liegt die Wirkungslosigkeit daran, daß ich mich scheue, die anderen zu lange anzuschauen. Zeigt sich die Wirkung der Brille erst, wenn man jemanden länger betrachtet? Ich werde es versuchen!

5.8.
Ich bin bestürzt. Gestern, im Büro, als wir eine Kaffeepause hatten und ich Herrn Bauer aus der Druckerei aus Langeweile anschaute, während er Thomas etwas erklärte, sah ich überdeutlich die Verfassung dieses Mannes. Ich sah seine vom übermäßigen Rauchen gelben Finger, sah, wie seine Hände zitterten, hörte seine gepreßte Stimme, die Unsicherheit verriet. Ich sah, daß sein Hemdkragen hinten nicht ganz umgeschlagen war, an sich eine Lappalie, aber es hat mich aus irgendeinem Grunde mitgenommen. Es sieht so aus, als ob sich niemand um ihn kümmert. Es erfaßte mich plötzlich ein so starkes Erbarmen mit dem Mann, daß ich mich zurückhalten mußte, um ihm nicht irgendetwas Nettes zu sagen, was bestimmt sehr komisch gewirkt hätte.

Ich bin ziemlich sicher, daß mir das ohne Brille nicht passiert wäre. Wohin führt das nur? Diese Brille kann für mich gefährlich werden. Aber ich möchte das Experiment trotzdem weiterführen.

7.8.
Ich kann diese Impulse nicht ständig unterdrücken. Gestern hatte ich mich mit Bauer unterhalten, hatte ihn gefragt, wie es ihm gehe. Er mußte wohl gemerkt haben, daß echte Teilnahme aus meinen Worten sprach, denn er erzählte mir in kurzen Worten seine Situation: er lebt in Scheidung. Die Abende sind für ihn furchtbar. Er hat niemand, mit dem er reden kann. Er kann nur noch mit Beruhigungsmitteln schlafen.

9.8.
Bauer hat Vertrauen zu mir gefaßt. Was soll ich tun? Immer, wenn ich ihn ansehe, tut er mir furchtbar leid. Ich muß irgendetwas unternehmen. Ihn einladen?

Ich habe mit Sybille darüber gesprochen. Sie sagt, es sei nicht gut, wenn der Mann zu sehr von mir abhängig würde.

Nun, ich werde vorläufig einfach zuhören, wenn er von seinen Sorgen berichtet. Das scheint ihm gut zu tun.

12.8.
Zwischen Sybille und mir hat sich einiges verändert. Seit mir aufgegangen ist, wie wenig ich von ihr weiß, ermuntere ich sie, mir von ihrer Arbeit zu erzählen. Wenn ich müde werde oder uninteressiert bin, brauche ich sie nur eine Weile anzuschauen, und es überfällt mich ein solches Interesse für ihre Arbeit, für das, was sie tut und denkt, daß ich stundenlang zuhören könnte und alles um mich her vergesse.

Manchmal schaut sie mich von der Seite an, wenn sie denkt, ich merke es nicht.

Wir haben es uns angewöhnt, uns beim Abendessen oder vor dem Schlafengehen zu unterhalten. Ich merke selbst, daß auch ich mehr von mir erzähle, obwohl mir das nicht so liegt, und ich spüre, wie gut mir das tut.

In letzter Zeit sind wir zärtlicher zueinander. Ob das damit zusammenhängt?

20.8.
Ich muß aufpassen, wo ich hinschaue. Sobald ich jemand zu lange betrachte, werde ich von Zuneigung geradezu überschwemmt.

Meine Beliebtheit unter den Kollegen wächst. Ich bin zu einer Anlaufstation für Probleme geworden. Mein Gott, ich hätte nie gedacht, was für entsetzliche Ängste und Schwierigkeiten sich hinter den netten Gesichtern verbergen.

22.8.
Gestern habe ich zufällig gehört, wie sich Thomas und Gert über mich unterhalten haben. Ich war in einem Nebenraum und suchte etwas über die wirtschaftliche Situation von Ecuador für meinen nächsten Artikel.

Ich hörte sie hereinkommen. Sie waren mitten im Gespräch. Ich bekam nicht alles mit, nur soviel, daß mein Verhalten auffällt.

Ich war erschrocken, daß Gert überzeugt war, meine Veränderung sei kalte Berechnung. Ich würde mich mit Absicht beliebt machen, um an mehr interne Informationen heranzukommen.

Thomas sagte nicht viel dazu. Kein Wunder, er hatte mir vorgestern einiges über sich erzählt.

25.8.
Ich merke immer mehr, daß Liebe, oder wie immer man das, was die Brille bei mir auslöst, nennen will, eine ungeheure Macht ist. Ich bin zu einem heimlichen Mittelpunkt im Betrieb geworden. Ich spüre, daß viele Menschen von mir abhängig sind, daß ich sie steuern und beeinflussen könnte.

Früher dachte ich immer, Liebe oder Zuneigung sei nur etwas romantisches und gehöre in das Reich der Liebespaare. Ich dachte immer, es sei etwas weiches für Schwächlinge.

Ich glaube das nicht mehr.

Liebe ist eine unwahrscheinlich starke Macht, die Kräfte bei anderen freisetzt und auch bei mir selbst.

Es ist merkwürdig, daß ich Macht bisher nur mit Strukturen oder mit politischen Verhältnissen oder starken Persönlichkeiten in Beziehung gebracht habe, aber nie mit dem Begriff Liebe oder Zuneigung. Vielleicht ist Liebe sogar die stärkste Macht überhaupt. Aber das klingt etwas zu pathetisch...

Ich entdecke auch, daß Liebe gefährlich ist. Es gibt einen Punkt, wo man sich nicht mehr zurückziehen kann. Sie ist gefährlich, weil sie Gegenreaktionen hervorruft — nicht nur Liebe, sondern auch Haß.

Und trotzdem — ich fühle mich kräftiger, frischer! Ich weiß nicht, wie ich es ausdrücken soll? Ich fühle mich lebendiger, gegenwärtiger! Ich merke jetzt, im Kontrast, wie stark ich früher mit mir selbst beschäftigt war.

27.8.
Heute habe ich einen alten Artikel von mir gelesen (vom 18.5.). Was für ein Unterschied!

Obwohl ich mich früher theoretisch und praktisch mit Problemen von Menschen auseinandergesetzt habe (ich habe immerhin einige Hilfsaktionen durchgeführt), ist das, was ich jetzt erlebe, etwas vollkommen anderes.

Fast erschrecke ich vor mir selbst, weil mir jetzt aufgeht, daß Menschen für mich früher Dinge oder Zahlen waren, die ich als Mittel zur Selbstbestätigung gebraucht habe.

Natürlich fühle ich mich jetzt auch bestätigt. Aber es ist mehr eine unbeabsichtigte Nebenwirkung.

Beim Schreiben fällt mir auf, daß ich ganz selbstverständlich *ich* sage. Aber bin ich das wirklich, oder ist es nur die Brille, die mich steuert?

Manchmal habe ich Angst vor der Brille. Ich weiß nicht, wohin das alles führt.

28.8.
Gert findet meine Artikel zu emotional und unsachlich. Ein vernichtendes Urteil in meinem Beruf!

4.
Je mehr Johannes sich der Wirkung der Brille überließ, desto offener und freier wurde er. Er hatte es auch längst aufgegeben, keine Leute zu sich einzuladen. Und wenn er selbst niemand einlud, dann kamen die Leute von sich aus zu ihm.

Sybille war manchmal verwirrt, wenn sie abends nach Hause kam, und zwei oder drei Leute saßen im Wohnzimmer und unterhielten sich mit ihrem Mann, oder vielmehr: sie redeten, und er hörte zu.

Und es waren nicht nur Männer, sondern auch Frauen, die zum Teil sehr attraktiv aussahen.

Als an einem dieser Abende die letzten das Haus verlassen hatten, ging Sybille entschlossen auf das Wohnzimmer zu. Sie hatte es vorgezogen, in der Küche zu Abend zu essen.

Johannes war gerade dabei, die Gläser zusammenzuräumen und summte eine Melodie vor sich hin.

Als Sybille ins Wohnzimmer trat, blickte er auf und lächelte ihr zu. Sybille blieb stehen und schaute schweigend zu, wie er die Gläser aufs Tablett stellte.

„Sag mal", begann sie „kommt dir das nicht ein bißchen seltsam vor, immer so viele Leute hier zu haben?"

„Ja schon", erwiderte er und fuhr sich durch den Bart, „aber was soll ich machen? Zum größten Teil kommen sie von selbst und sprechen über Dinge, die sie sonst niemand sagen können."

Sybille setzte sich auf die Couch.

„Aber das kann doch nicht so weitergehen", sagte sie. „Du mußt es einmal aus meiner Sicht sehen."

Johannes setzte sich ihr gegenüber und schaute sie an, während Sybille weitersprach: „Ich komme müde nach Hause, will mal gemütlich abends im Wohnzimmer sitzen, und immer sind irgendwelche fremden Leute da. Vor lauter Verzweiflung habe ich mich den ganzen Abend in der Küche aufgehalten."

Sie schwieg und nahm den gußeisernen Kerzenständer vom Tisch. Sie drehte ihn hin und her und fuhr fort: „Ich weiß, daß das alles sehr egoistisch klingt, und ich finde es selbst nicht gut, daß ich jetzt herumnörgle. Immerhin hilfst du ja den Leuten, aber — ich weiß nicht ...", sie schwieg und entfernte einige alte Kerzenreste von dem Halter.

„Und außerdem", sagte sie leise, „irgendwie macht es mir doch etwas aus, wenn manchmal Frauen bei dir im Wohnzimmer sitzen."

Sie stellte den Kerzenständer auf den Tisch zurück und legte die Wachsstücke auf den Rand.

Der Regen, der vor einigen Minuten leise eingesetzt hatte, wurde stärker und prasselte gegen das Fenster.

Sybille stand auf, froh über die Unterbrechung, und schloß das große Klippfenster.

Johannes schwieg immer noch und folgte Sybille mit den Augen.

„Jetzt, wo du es sagst", begann er und kratzte sich am Kopf, „fällt es mir auch auf. Ich war einfach so in den Problemen der Leute drin, daß ich alles andere vergessen habe. Es tut mir leid. Ich werde die Besuche auf jeden Fall reduzieren."

Sybille hatte sich auf die Lehne des Sessels gesetzt und schaute den Regentropfen zu, die in Zickzackbahnen die Fensterscheibe herunterliefen.

Johannes räusperte sich:

„Was hast du eigentlich heute gemacht?" fragte er unvermittelt, und seine Stimme klang so voller Interesse, daß Sybille unwillkürlich den Kopf wendete und ihn anschaute. Sie ließ sich in den

Sessel gleiten und nahm sich einige Salzstangen, die vom Abend noch übrig waren. Dann lächelte sie und begann zu erzählen. Erst stockend und dann immer flüssiger: von der neuen Refendarin, die sie anleiten mußte, von einem Jungen, mit dem sie sich nach dem Unterricht unterhalten hatte, von einem unangenehmen Telefongespräch mit einer Mutter.

Sie redete und redete, und ihr Gesicht glühte.

Und Johannes saß im Sessel und hörte ihr zu und war überwältigt, wie schön sie aussah.

3.9.
Ich bin über mich selbst erschrocken. Gestern habe ich zum ersten Mal die Brille bewußt eingesetzt. Sybille hatte sich bei mir über die vielen Besuche beklagt, und damit hatte sie ja recht. Ich hatte einfach keine Lust, stundenlang mit ihr zu streiten, und so schaute ich sie lange und intensiv an und fragte sie dann, was sie an dem Tag in der Schule erlebt hatte. Ich wußte ja, was passieren würde. Sie würde anfangen zu erzählen und sich damit alles von der Seele reden, und ich würde meine Ruhe haben. Das war kalte Berechnung!

So geht es nicht mehr weiter! Ich werde das *Experiment* abbrechen und die Brille zerstören. Aber kann ich das? Oder habe ich mich an diese Art von Leben schon zu sehr gewöhnt?

Ich werde mit dieser Macht nicht fertig. Sie wird mir zu stark!

5.9.
Ich habe es getan. Nach langem Zögern habe ich die Brille mit dem Hammer zertrümmert und in den Mülleimer geworfen.

6.9.
Ich bin vollkommen durcheinander und total fertig. Ich hatte geglaubt, daß ich mich selbst unter der Wirkung der Brille verändert hätte, daß vielleicht ein Rest dieser Macht in mir verblieben wäre.

Aber es war, als ob ein Kleidungsstück, das ich einige Zeit getragen hatte, mir einfach abgenommen wurde und darunter der alte Johannes zum Vorschein kam.

10.9.
Ich fühle mich leer und ausgepumpt. Meinen Kollegen fällt mein Zustand auch schon auf. Und sie sind sehr besorgt um mich. Es ist

paradox, wie sich alles umdreht. Jetzt bin ich derjenige, der Hilfe braucht, und ich beneide die anderen. Sie haben sich durch mich ein bißchen verändert.

11.9.
Heute bin ich zu Hause geblieben. Ich möchte im Augenblick niemand sehen. Zum Glück habe ich Fieber, so daß ich mich krankmelden kann. Heute nachmittag kam ein Blumenstrauß von Herrn Bauer.

13.9.
Woran liegt das nur, daß nichts von der Macht der Brille bei mir hängengeblieben ist? Ich möchte die Fähigkeit zu lieben wiederhaben, ich möchte auch wieder auf Menschen zugehen können und ihnen zuhören. Es hat mich ausgefüllt und glücklich gemacht. Woran liegt es nur, daß die Brille fremd blieb und nicht zu meiner Person gehörte? Wenn es nur möglich wäre, die Macht der Liebe auf eine andere Weise zu bekommen, aber so, daß sie in mir wächst und zu einem lebendigen Teil von mir wird.

15.9.
Gestern kam mir ein Satz in den Sinn, den ich nicht mehr los wurde: *Gott ist Liebe.* Irgendwann habe ich das früher mal gelesen oder gehört. Wahrscheinlich steht der Satz in der Bibel.

Zunächst hat mich das abgeschreckt: Bibel und Glaube. Aber dann ging mir plötzlich ein Licht auf. Ist nicht der christliche Glaube auf Liebe aufgebaut?

Ich beginne zu ahnen, was das heißt: *Gott ist Liebe.* Nicht *hat* sondern *ist.*

Was für ein ungeheures Leiden muß das für ihn bedeuten, wenn er sieht (oder spürt?), daß die meisten nichts von ihm wissen wollen?

Aber nun tue ich gerade so, als ob ich an Gott glaubte. Lächerlich!

Aber wenn es stimmt, dann müßte es doch möglich sein, daß er etwas von dieser Liebe abgibt, vielleicht mir abgibt, in mich hineinpflanzt?

20.9.
Ich schwanke hin und her zwischen freudiger Hoffnung und resigniertem Abwinken. Es ist nicht auszudenken, was es bedeutet, wenn Gott existiert und Liebe ist. Ich werde diesen Gedanken nicht los.

Das würde bedeuten, daß er intensiv zuhören kann, wenn ich zu ihm spreche, mit innerer Anteilnahme. Wenn das stimmt, dann wäre ja Beten ein unwahrscheinliches Glück.

Beten! Der Klang dieses Wortes läßt unangenehme Erinnerungen in mir hochkommen: Schulgottesdienste. Monotone Litaneien. Kichern hinter vorgehaltener Hand. Vaterunser. Aber da ist es wieder: Unser Vater. Wie freundlich das klingt, so einfach — jedenfalls für mich.

21.9.
Ich habe zum ersten Mal richtig gebetet. Es war ein seltsames Gefühl, zu einer Person zu sprechen, die man nicht kennt und sieht. Ich habe einige Minuten gebraucht, bis ich mich getraut habe. Hinterher war ich irgendwie erschrocken, als ob ich über eine Grenze gegangen wäre, in ein fremdes Land, das ich nicht kenne.

# Die leise Stimme

Im farbigen Dämmerlicht, das durch die bunten Glasfenster fällt, habe ich mich auf einer Bank niedergelassen. Wenn ich die Augen schließe, höre ich den Nachhall von Schritten, höre ich Flüstern und dazwischen die gedämpften Töne der Orgel über mir: ineinanderfließende Akkorde, die leise, wie Schneeflocken, nach unten schweben und auf den Bänken liegenbleiben. Und dann: der heilig abgestandene Geruch einer großen Kirche! Ich mag diesen Geruch, er kommt aus einer alten, ehrwürdigen Zeit.

Unwillkürlich muß ich gähnen. Immer, wenn ich zwei Stunden in der Stadt bin und einkaufe, werde ich zum Umfallen müde, und ich brauche dann eine Bank zum Ausruhen.

Ich habe mich in das Seitenschiff gesetzt, neben eine dicke Sandsteinsäule und lasse meine Blicke umherschweifen:

Einige Meter vor mir betrachtet und betastet ein Mann mit umgehängter Kamera fachmännisch die geschnitzten Bänke. Ein kleiner Junge, sein Sohn wahrscheinlich, hat sich von seiner Hand losgemacht und zählt die Kirchenfenster.

Ich höre den Türdrücker quietschen und sehe eine alte Frau, die langsam den Seitengang entlanghumpelt. Flüchtig erkenne ich ein zerknittertes Gesicht unter dem schwarzen Kopftuch.

Der Altarraum hinterläßt den Eindruck einer wohltuenden, schlichten Ordnung: an der runden Steinwand der Apsis hängt als einziger Schmuck ein lebensgroßes Kruzifix aus dunklem Holz.

Nach einer Pause setzt die Orgel wieder ein, mit tiefen Baßtönen.

Ich schließe die Augen und lehne meinen Kopf an die Säule. Einkaufsszenen ziehen an mir vorüber, unterbrochen von Preisvergleichen oder irgendwelchen verrückten Gedankenverbindungen. Vielleicht war ich auch etwas eingenickt. Als ich auf die Uhr schaue, stelle ich fest, daß ich fast eine Stunde in der Kirche war. Gerade will ich aufstehen, da höre ich ein leises, merkwürdiges Geräusch, das ich zuerst gar nicht einordnen kann. Vorsichtig blicke ich nach hinten und sehe die alte Frau mit dem schwarzen Kopftuch in einer der hinteren Bänke, den Kopf in den Händen vergraben. Ihre Schultern zucken. Sie weint.

Zuerst bin ich wie vor den Kopf geschlagen. Ich drehe mich schnell wieder um. Wir sind die einzigen in der Kirche. Irgendwie ist mir das alles furchtbar peinlich. Ich wage es nicht, mich zu bewegen. Warum muß diese Frau ausgerechnet in einer Kirche weinen? Sie könnte das doch genausogut zu Hause erledigen.

Das Weinen hat aufgehört. Ich höre ihre langsamen, schleppenden Schritte, höre, wie sie sich sehr geräuschvoll die Nase putzt und die Kirche verläßt. Erleichtert stehe ich auf und gehe den Mittelgang hinab. Aber bevor ich nach draußen gehe, möchte ich noch die Kirchenfenster genauer betrachten, vielleicht auch, um mich abzulenken.

Sturmstillung! In dem schwankenden Boot erkennt man einige Männer. Sie sind betont häßlich gemalt. Die Nase des vorderen ist groß, die Zähne stehen zu weit vor. Der andere: kleine Nase, gelblich-blasses Gesicht, fahles Haar. Er hält sich mit den anderen am Bootsrand fest. Wie erschreckte Kinder sehen sie aus. Die Wolken berühren die Segel, und das Wasser, grünlich-weiß, leckt mit stilisierten Wellenkämmen am Boot. An einer Stelle spiegeln die Wellen den roten Umhang des Meisters, der souverän seine Hand ausstreckt, dem Sturm gebietet. Der rote Umhang ...

Ich drehe mich um. In den vorderen Bankreihen scheint irgendetwas los zu sein. Es ist dämmrig geworden. Jetzt sehe ich, daß auf der Höhe des Altarraums eine Seitentür aufgegangen ist. Eine dunkle Kordel hängt von der Tür herunter, die hin- und herbaumelt. Dann schiebt sich das Gebilde weiter nach vorn. Eine Hand klammert sich an der Tür fest, und dann folgen zwei Augen, die vorsichtig in die Kirche spähen. Auf Zehenspitzen huscht ein kleines Mädchen mit Zöpfen am Altar vorbei und setzt sich auf die Stufen. Jetzt sehe ich, daß schon fünf andere Kinder, halb verdeckt von der Bank, auf den Stufen sitzen. Ich kann nur schwach ihre Umrisse erkennen. Das Mädchen mit den Zöpfen winkt in die Richtung der offenen Tür, und es kommen mehr Kinder: kleine und große, Jungen und Mädchen, soviel ich sehen kann auch verschiedene Rassen, ein afrikanisches Mädchen mit vielen abstehenden Zöpfen, das auf dem Rücken ein Baby trägt.

Ich weiß gar nicht, was ich dazu sagen soll? Was geht in dieser Kirche vor?

Inzwischen sind die Stufen mit Kindern angefüllt, auch die ersten Bankreihen, und es kommen immer noch mehr. Die Kinder haben ihre Scheu verloren und flüstern lauter. Zwischendurch ruft ein Junge: ,,He, paß doch auf! Du trittst mir auf die Hand!"

Englische und französische Sprachfetzen fliegen durch den Raum und andere Sprachen, die ich nicht kenne. Das Gesumm und Gemurmel steigert sich, bis es plötzlich wie abgebrochen verstummt. Die Kinder scheinen auf etwas zu blicken oder jemandem zuzuhören, den ich in der Menge nicht sehen kann. Aber ich höre auch nichts. Es ist ganz still, bis auf zeitweises Füßescharren oder Husten.

Jetzt bin ich neugierig geworden und gehe leise nach vorn. Völlig gebannt sitzen die Kinder da, ein Junge mit offenem Mund, in dem zwei Zähne fehlen; ein Mädchen, das den Kopf gesenkt hält und abwesend an ihren Haarspitzen kaut.

Plötzlich zucke ich zusammen, weil die Kinder laut anfangen zu lachen, sich aber sofort wieder beruhigen. Ich ziehe einen Jungen am Ärmel, dessen Haare fast die Augen bedecken und flüstere: ,,Was ist denn hier los?"

,,Pst", antwortet der Junge ärgerlich, ,,ich möchte die Geschichte nicht verpassen."

,,Aber", flüstere ich weiter, ,,ich sehe niemand."

Der Junge tippt sich an die Stirn und dreht sich wieder der Mitte zu. Das ist nicht gerade ermutigend für mich.

Ich möchte wissen, wo die Kinder hergekommen sind, gehe auf die Seitentür zu und betrete den Raum dahinter. Aber so sehr ich auch suche, ich finde keinen Eingang. Verwirrt bleibe ich in dem kahlen Raum stehen und kratze mich am Kopf. Ich fühle mich überflüssig. Das beste ist wohl, ich verlasse diese merkwürdige Kirche, wo alte Leute weinen, Kinder durch Geheimgänge hineingelangen und einer unhörbaren Stimme lauschen. Ich habe plötzlich den starken Wunsch, die kühle, frische Abendluft zu atmen und etwas Normales zu tun, in einem normalen Zimmer zu sitzen und eine normale Zeitung zu lesen ...

Ich gehe an den Kindern vorbei zum Hauptausgang. Es ist mir gleichgültig, ob ich störe oder nicht. Einige drehen sich um und schauen mich empört an. Ich kann förmlich hören, was sie denken: diese Erwachsenen! Kann man nicht mal in Ruhe eine Geschichte zu Ende hören?

Der Unsichtbare scheint etwas gesagt zu haben, denn jetzt drehen sich alle Kinder mir zu und fangen an zu lachen. Ich werde rot und gehe beleidigt und verstimmt weiter. Eines weiß ich genau: diese Kirche werde ich nie mehr betreten!

Da zieht mich jemand an meiner Jacke. Es ist das kleine Mädchen mit den Zöpfen.

„Geh nicht weg", sagt sie, „komm zu uns und hör der Geschichte zu."

Wie sie so dasteht und mich bittet, verfliegt mein Ärger.

„Und", fügt sie hinzu, „es tut uns leid, wenn wir dich ausgelacht haben. Komm mit!"

Ich schüttle den Kopf: „Ich kann nicht. Ich höre nichts von der Stimme."

Aber das Mädchen läßt nicht locker: „Komm trotzdem mit!"

Sie schiebt ihre kleine Hand in meine und blickt mich wieder an, und ihre Augen sagen: wenn du nicht kommst, bin ich ganz traurig.

Ich gebe mich geschlagen vor soviel Charme und flüstere ihr zu: „Jetzt hast du die Geschichte verpaßt."

Sie schüttelt den Kopf, daß die Zöpfe fliegen: „Der Mann hat die Geschichte extra unterbrochen. Er wollte dich dabei haben."

Ich setze mich neben sie auf eine der Bänke.

„Du mußt alles öffnen, innendrin", sagt sie. Ich blicke sie verwundert an. Und dann höre ich wirklich eine Stimme. Ich weiß gar nicht, ob sie von außen oder von innen kommt. Sie ist sehr leise, aber ich kann mit Bestimmtheit sagen, daß es nicht meine eigene Stimme ist. Ganz deutlich höre ich jetzt: „Was ich euch jetzt sage, ist ganz wichtig."

Es folgt eine kleine Pause. Die Kinder schauen sich gespannt an. Dann fährt die Stimme fort: „Wer das Reich Gottes nicht annimmt wie ein Kind, wird nicht hineingelangen."

Das letzte Wort ist noch nicht zuende gesprochen, da fangen einige Kinder an, zu klatschen. Ein Beifallssturm bricht los. Ich schaue das kleine Mädchen neben mir an, das aufgesprungen ist und alle Kraft zusammennimmt und klatscht, andere drehen sich im Kreis. Sie schaut mich strahlend an, aber dann verstummt ihr Lachen, und sie fragt mich ganz erstaunt: „Aber warum weinst du denn jetzt?"

# Die Stadt

Ich sitze unter den Zweigen eines Baumes, an den Stamm gelehnt, zitternde Hitze außerhalb. Die Stille und das Vogelgezwitscher bilden ein Duett. Zwischen den Zweigen: der Himmel, grüne Blätter umrahmt von schwebendem Blau.

Eine eigenartige Atmosphäre, so wahrnehmbar und doch nicht zu beschreiben, höchstens vergleichbar mit dem sommerlichen Bild eines Impressionisten. Vielleicht kommt die köstliche Ruhe von dem Aufstieg her, der hinter mir liegt.

Ich habe die Tageszeit vergessen und nicht gemerkt, daß plötzlich jemand neben mir steht. Er ist so unhörbar gekommen, daß ich einen Augenblick im Zweifel bin, ob er nicht schon die ganze Zeit dagewesen sein könnte.

Wir schauen uns an, und er sagt zu mir ganz selbstverständlich: „Friede!" Im selben Moment ereignet sich dieser Friede, er kommt auf mich zugeflogen, dringt in mich ein, strömt aus mir heraus, überflutet meine Umgebung, die grünen Blätter werden intensiver, das Blau strahlender, Blumen fangen an zu duften.

Ich erkenne plötzlich, was es heißt, eine Blume zu sein, und ich lausche ihrer Botschaft, die Freude vermittelt. Ich sehe die Vögel, und ich erschrecke, weil ich bemerke, daß sie mir vertraut sind, daß ich ihre Namen weiß — nicht ihre Gattung, sondern ihre Namen. Ich könnte mich mit ihnen verständigen. Ich bin umgeben von vertrauten Gestalten, geborgen und getragen.

Jetzt lächelt der Fremde. Unmöglich, dieses Lächeln klar zu deuten. Weder Mitleid, und doch ein bißchen davon, noch Arroganz, und dennoch eine Spur, die aber nicht stört.

Ich höre mich plötzlich fragen: „Woher kommst du?" Während ich über meine Unhöflichkeit erschrocken bin, zeigt er nach hinten: „Ich komme aus der Stadt." Ach so — wollte ich gerade sagen, weil er den Satz so selbstverständlich aussprach mit dem Unterton: woher sollte ich denn sonst kommen? Da fällt mir ein, daß man von hier aus gar keine Stadt sehen kann. Trotzdem schaue ich in seine Richtung.

Während ich schaue, ist es mir, als ob ich unterwegs bin in jene Stadt. Nicht allein! Neben mir und vor mir: Menschen, die sich fröhlich unterhalten. Ich kenne sie nicht und doch scheinen sie mir schon ewig bekannt zu sein. Ihre Gegenwart ist anregend, ich könnte ihnen alles von mir erzählen. Ich fasse die Hand meines Nachbarn. Ich spüre, er ist ein Mensch von ganz anderem Wesen als ich, ein Mensch, der die Dinge hauptsächlich denkend erfaßt. Früher hätte ich ihn für einen Intellektuellen gehalten. Aber das trifft nicht die Sache. Sein Geist ist eingebettet in sein ganzes Wesen.

Wir tauschen uns aus, mühelos, ohne Mißverständnisse, und trotzdem merken wir, daß die Unterschiede nicht weg sind, sie sind sogar noch schärfer und deutlicher da. Aber nicht, um uns zu trennen, sondern um uns zu einer neuen Einheit zu erheben.

Über uns schwebt Musik. Singe ich, oder ist mein ganzes Wesen Gesang? Mich ergreift ein gewaltiger Akkord. Ich kann ihn fühlen, mit Händen fassen. Er will mich vorbereiten auf etwas Feierliches.

Ich schaue auf: Vor mir liegt die Stadt. Eine Mauer ohne Funktion, sie ist durchsichtig wie Glas. Unten: rotes Material, das nach oben hin heller wird, alle Farbschattierungen durchlaufend. Wie eine riesige Feuerwand sieht es aus und dann wie eine Wassermauer.

Aber diese Durchsichtigkeit ist nichts Neues. Ich habe es ja vorhin beim Gespräch gemerkt, daß Grenzen da sind, ohne zu isolieren.

Ich erreiche ein Tor, bewacht von ehrfurchtsgebietenden Gestalten, von denen Licht, Ruhe und Feierlichkeit ausgeht, Strenge und Liebe.

Das Tor schimmert weiß. Es ist eine riesige Perle. Ich ahne, daß sie alles enthält, was ich jemals gesucht habe.

Zitternd und freudig nähere ich mich den Engeln. Klar wie Glas sind sie für mich. Ihre Gesichter erinnern mich an Tiergesichter, die nicht lachen können. Es sind Wesen, die mich zutiefst verunsichern, weil sie so völlig anders sind. Wenn nicht Liebe von ihnen ausginge, würde ich auf der Stelle umkehren.

Während ich noch überlege, wie ich durch dieses bewachte Tor komme, versinkt alles vor meinen Augen.

Ich durchlebe blitzartig alle Entscheidungen, die ich jemals getroffen habe, falsche und richtige, die mich schmerzen und freuen. Jetzt erkenne ich eine Wasserfläche und überlege, ob ich hineinspringen soll. Ich kämpfe, bin hin- und hergerissen. Es scheint mir,

als ob alle Entscheidungen meines Lebens in diesem Kampf zusammengefaßt wären.

Dann höre ich mein lautes „Ja“ und falle gleichzeitig ins Wasser, tauche unter. Ich merke, daß ich mich dabei selbst aufgegeben habe; löse ich mich in Wasser auf? Es ist furchtbar, ich möchte unter Wasser schreien, denn ich bin verloren.

Da werde ich mit Macht herausgerissen, befinde mich in einer anderen Wirklichkeit, eingetaucht in eine andere Person, ohne meine Identität zu verlieren. Ich weiß, daß diese Person die einzig wirkliche Person ist, von der und durch die alles geschaffen ist, das Sichtbare und Unsichtbare. Ich komme zu mir — und befinde mich im Innern der Stadt.

Ich sitze am Ufer eines Flusses und höre sein Lachen und Singen. Jetzt erst weiß ich, was Wasser wirklich ist. Alles Wasser, das ich bisher kannte, war nur eine flüchtige Skizze davon, Stichworte. Jetzt sehe ich richtiges Wasser. Ich knie mich nieder, erkenne mein Gesicht im Wasserspiegel und die Gesichter der anderen neben mir, tauche es hinein und trinke.

Und ich trinke Leben und Kraft, ich trinke Musik und Liebe, Bewußtsein und Wissen, und ich trinke die Verbundenheit mit dem, der mich geliebt hat von Anfang an, dessen Tod den Tod besiegt hat, dessen Namen ich trage.

Ich richte mich auf und gehe mit den anderen, um die Stadt zu entdecken. Ich beginne zu verstehen, daß in ihr all das Kostbare der Erde enthalten ist, alles Wertvolle, was Menschen im Namen der Liebe geschaffen haben, bewußt oder unbewußt. Ich spüre, daß neue Aufgaben vor mir liegen, die ich mit den anderen lösen werde.

„Ich gehe jetzt.“ — Verwirrt blicke ich auf und merke, daß ich wieder unter dem Baum sitze. Der Fremde, der so plötzlich aufgetaucht war, verabschiedet sich.

Ein Gefühl der Verlassenheit überkommt mich.

„Nein, bleibe!“ rufe ich und erschrecke, wie laut, blechern und ungehörig diese Bemerkung klingt.

Der Fremde dreht sich noch einmal um und sagt: „Nimm den Weg ins Tal und bewahre das Bild der Stadt. Wir werden uns dort treffen.“

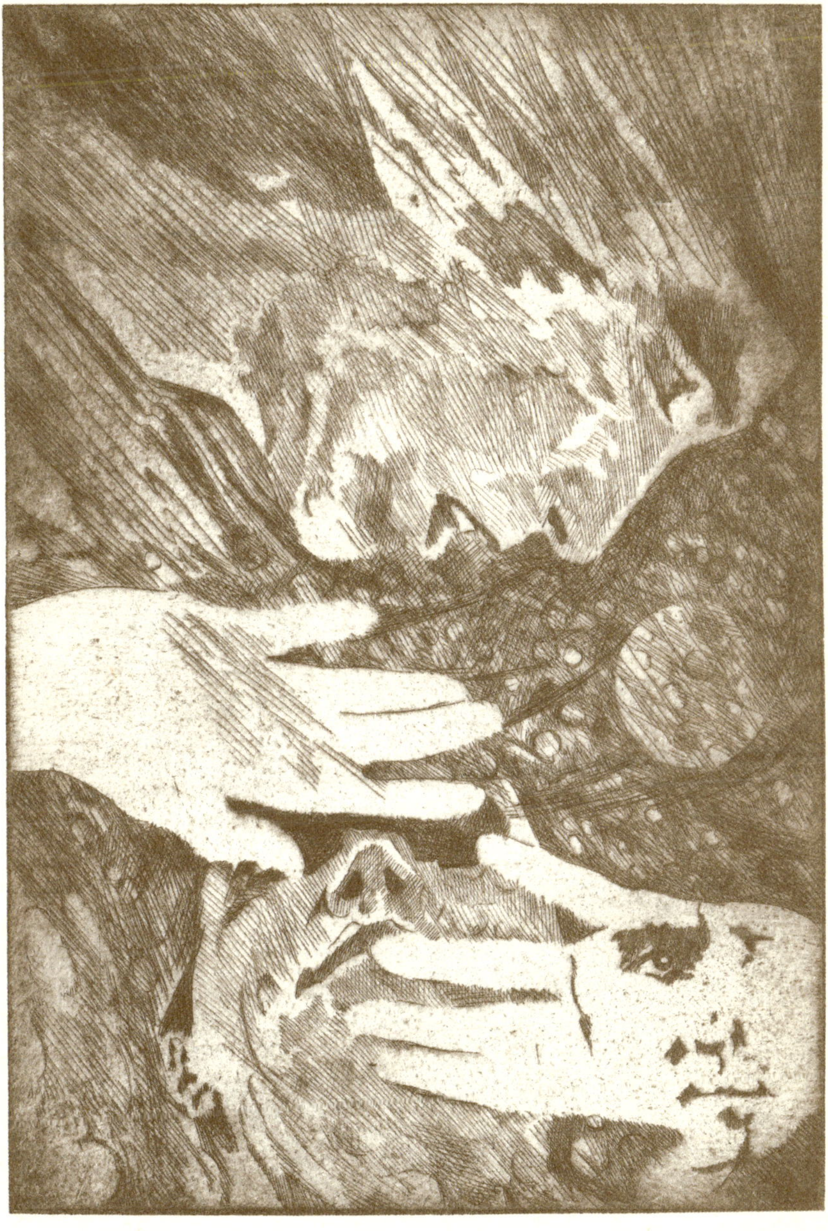

# Der weiße Pullover

Die Klinke, die ich anfasse, liegt gut in der Hand. Die Tür selbst bietet anfangs noch einigen Widerstand, weil sie aus schwerem, massivem Holz gearbeitet ist. Kein Furnier.

Mein Magen knurrt. Ich drücke mit meiner rechten Schulter gegen das Holz, das die Wärme des Sommertages noch zurückstrahlt. Ohne Vorwarnung gibt die Tür ungewöhnlich leicht nach. Ich stolpere in den Raum.

Ich weiß nicht genau, warum ich gerade dieses Restaurant ausgesucht habe. Zuerst war ich vorbeigegangen, und dann, als ich auf einer Treppe Pause machte und der Sommerlärm an mir vorbeizog, hatte ich das merkwürdige Schild gesehen: ein goldener Löwe mit weißer Schürze!

Das Wappen kam mir witzig oder fast geschmacklos vor, weil es irgendwie unpassend schien. Eine Maus mit Schürze hätte ich mir eher vorstellen können. Die Speisekarte ohne Preise! War es Nachlässigkeit oder wollte man die Gäste schockieren?

Den letzten Anstoß, hier einzukehren, gab ein junger Mann, der mir entgegenkam, als ich die Speisekarte betrachtete. Er blinzelte mir fröhlich zu.

Mein erster Impuls war: er ist betrunken. Und doch hatte ich den Eindruck, das Blinzeln sei ernst gemeint. Wieder so etwas Verrücktes — ernstgemeintes, fröhliches Blinzeln. Genauso widersprüchlich wie der Löwe in Dienstkleidung.

Ich stehe jetzt in einem langgestreckten Flur. Abgestandene Luft. Die kleinen Wandschirme verbreiten gedämpftes Licht. Der Läufer ist ziemlich abgetreten; nicht dreckig, aber dünn und farblos. Rechts und links an der ausgebleichten Blumentapete hängen Bilder. Ich unterscheide Zeichnungen und Fotografien und entdecke überall Szenen, die den goldenen Löwen darstellen. Ein Aquarell zeigt das Wappentier beim Baden. Nein, der Löwe wird von jemandem gewaschen. Sein nasses Fell trieft. Ich wende mich einer kleinen Fotografie zu, da vernehme ich Schritte hinter der Biegung des Flurs. Schnell trete ich von der Wand zurück und beschäftige mich mit meinen Schnürsenkeln. Ich sehe die Füße einer älteren Frau auf mich zukommen und höre ihre zitternde Stimme im Vorübergehen: „Sie müssen aber zuerst zu den Umkleidekabinen!" „Meinen Sie mich?" frage ich ungläubig. Aber es ist niemand mehr zu sehen, nur das Geräusch der zufallenden Tür klingt mir im Ohr.

Das darf doch nicht wahr sein, denke ich. Und doch, es stimmt. Kurz vor der Biegung des Flurs ist ein kleiner Wegweiser angebracht: *Zu den Umkleidekabinen.*

Ich schließe die Augen. Bin ich verrückt? Ich wollte doch in ein Restaurant und nicht in ein Schwimmbad!

Ob ich umkehren soll? Unschlüssig trete ich auf den ausgedienten Läufer und höre nur die Geräusche von der Straße und leise Stimmen. Doch die Neugier siegt, und ich folge gespannt dem Wegweiser.

Der Flur — rechts und links hängen immer mehr Löwenbilder — endet an einer schwarzglänzenden Tür, über deren Rahmen ein längliches Holzschild angeschraubt ist: *Umkleidekabinen.* Ratlos bleibe ich davor stehen. Da geht links neben mir eine Tür auf, die ich bisher nicht bemerkt habe. Ein älterer Herr in einem gepflegten Sommeranzug betritt den Vorraum und nickt mir zu. Er kommt mir vor wie ein netter Großvater, der heute ausnahmsweise ins Theater geht. Ich kann hinter ihm die Gaststube erkennen: warmes Licht, fröhlicher Lärm, einige Leute um einen Tisch.

Als ich versuche, die Tür weiter aufzumachen, um an dem eleganten Großvater vorbei in den Raum zu gelangen, fragt er mich erstaunt: „Haben Sie ihren Schlüssel vergessen?" Seine Stimme! Schon leicht brüchig, mit einem angenehmen Nebenton. „Meinen Schlüssel? Nein — ich möchte doch nur eine Kleinigkeit essen", bringe ich entschuldigend heraus. „So — Sie möchten nur etwas essen?" Ich sehe, wie seine Hand der Tür einen leichten Stoß gibt und sie ins Schloß fällt. „Das ist nicht der Eingang, sondern der Ausgang", fügt er erklärend hinzu und streicht verlegen über seinen grauen Schnurrbart.

Mir fällt nichts Passendes ein, und so bleibt es ein paar Sekunden still. Mein Gegenüber räuspert sich. „Man kann hier nicht einfach so *reingehen*", und etwas leiser, „Sie müssen sich schon vorher ausziehen."

Mir bleibt die Sprache weg, und ich frage mich zum zweiten Mal, wo ich hier eigentlich bin. „Aber — ich möchte doch nur etwas essen", wiederhole ich nicht gerade geistreich.

Durch meine Hilflosigkeit gestärkt blicken mich seine Augen spöttisch-freundlich an: „Wenn Sie nur etwas essen wollen" (er betont das *etwas* in eigenartiger Weise), „dann gehen Sie doch zu einer Imbißstube. Aber wenn Sie wirklich etwas essen wollen, dann sind Sie hier richtig." Damit scheint für ihn das Gespräch beendet zu sein, und er wendet sich zum Gehen.

Was soll nun das schon wieder? denke ich. *Wirklich essen?* Mittlerweile komme ich mir ziemlich dumm vor.

„Für ein großes Essen habe ich nicht genügend Geld. Ich glaube, ich habe mich im Haus geirrt", rufe ich ihm hinterher.

Da dreht er sich um, und in seiner Stimme liegt etwas Einladendes: „Wissen Sie nicht, daß es hier alles umsonst gibt — oder jedenfalls ohne Geld? Die Umkleidekabinen bleiben Ihnen doch nicht erspart. Lesen Sie den Text rechts neben der Tür. Auf Wiedersehen."

Er nickt mir noch einmal zu und geht weiter. Ich sehe ihm nach. Da fällt mir auf, daß sein Anzug ganz weiß ist. Hatte nicht auch der junge Mann einen weißen Pullover getragen?

Es ist mir eigenartig zumute. Aber wenigstens will ich noch die Mitteilung an der Tür lesen. An einem Nagel hängt ein kleines Heft, ziemlich abgegriffen. Auf dem Umschlag steht schlicht: *Hinweise.*

Die erste Seite zeigt das Wappentier, den Löwen mit der Schürze. Der ist ja hier wohl überall, schießt es mir durch den Kopf.

„Wenn Sie wirklich essen wollen", so lese ich, „gehen Sie in eine der Umkleidekabinen, ziehen Sie sich ganz aus" (ganz ist unterstrichen), „lassen Sie Ihre Kleider liegen, und gehen Sie dann unter die Dusche. Wir werden Ihre Kleider vernichten. Sie bekommen von uns neue und bessere. Denken Sie daran: Sie sind nicht der erste, der das tut."

Ich lehne mich gegen die Wand, meine Hände sind feucht wie vor einer Prüfung. Zum dritten Mal spiele ich mit dem Gedanken zu gehen. Aber unmittelbar danach kommt mir in den Sinn: Sahen die Leute in den weißen Kleidern etwa besonders unglücklich aus? Was wird vor allen Dingen Sabine sagen, wenn ich plötzlich im weißen Anzug erscheine? Sie wird sich kaputtlachen über mich, über meine Einfältigkeit, mich so einwickeln zu lassen.

Aber — die Gaststube machte einen guten Eindruck. Was ist schon dabei, ein paar Kleider zu verlieren? — Und was passiert, wenn ich gar nicht mehr hier rauskomme? Wenn das nur eine Falle ist? Menschenhandel?

Nein! Dagegen sprechen die beiden Leute, die ich getroffen habe. Das war ja keine gezielte Werbung.

Vor mir taucht noch einmal die freundliche Gaststube auf, und gleichzeitig höre ich das Gelächter meiner Freundin und sehe die spöttischen Blicke meiner Kollegen, wenn alles rauskommt.

Aber schließlich verspüre ich Hunger, möchte etwas essen und habe einfach keine Lust, stundenlang nach einem passenden Restaurant zu suchen. Entschlossen drücke ich auf die Klinke und muß mich bücken, weil die Öffnung klein und schmal ist.

Fast mechanisch ziehe ich mich in der schmucklosen Kabine aus. Während ich meinen hellbraunen Pullover über den Kopf streife, merke ich, wie schwer es mir wird, mich von den Kleidungsstücken zu trennen.

Wo war dieser Pullover nicht schon überall dabei! Sabine hatte ihn mir gestrickt. Sie wird es nicht verstehen, wenn ich ihn zurücklasse. Auf unserer gemeinsamen Gebirgstour hatte ich ihn schätzen gelernt.

Und die Hose! Ich muß an Sizilien denken, und welche Mühe und welchen Spaß ich beim Handeln gehabt hatte.

Und jetzt soll das alles verbrannt werden? Wenn man es doch wenigstens an das Rote Kreuz schicken könnte!

Ich stehe jetzt nur noch in der Unterhose da, und es kommt mir peinlich vor, daß andere Leute meine verschwitzte Unterwäsche anfassen sollen.

Ich öffne die Kabinentür und blicke auf einen großen Duschraum. Heißer Wasserdampf schlägt mir entgegen. Während ich vorsichtig eintrete, merke ich mit Erschrecken, daß ich nicht der einzige

Nackte bin. Der Raum ist angefüllt mit Menschen, manche zögernd wie ich aus der Kabine tretend, andere, die sich eifrig duschen.

Bisher war ich stillschweigend davon ausgegangen, daß sich das alles privat abspielen würde, aber diese plötzliche Öffentlichkeit schockiert mich. So gut es geht, verdecke ich meine Blöße und gehe rückwärts zu meiner Kabine. Da fällt mir ein: Der Ausgang geht ja über die Gaststube. Wie betäubt bleibe ich stehen. Entweder ich dusche jetzt zusammen mit den anderen, oder ich irre verängstigt durch den Raum.

Ich fasse Mut und schaue mich genauer um. Noch hat niemand meinen Rückzug bemerkt.

Dieses Nicht-betrachtet-werden wirkt auf mich sehr ernüchternd. Ohne Scheu betrachte ich die Nackten um mich her und bin irgendwie fasziniert von dem durchschnittlichen Aussehen — das sind alles keine besonderen Schönheiten. Es mutet mich beinahe abstoßend an: die dicken Bäuche, eingefallene, gelbliche Haut, viele krumme Beine und auch ein paar Hohlkreuze. Ich weiß selbst genau, daß ich auch nicht viel vorzuweisen habe: mein großes, häßliches Muttermal an der rechten Bauchseite, meine blasse Haut, die rote Brandnarbe überm Knie.

Unwillkürlich lasse ich meine Hände sinken und spüre, wie mich die Erleichterung erfaßt; langsam, von oben nach unten, löst sich meine Verkrampfung.

Ich bin hier zwar ziemlich bloßgestellt, aber ich brauche auch die Fehler meines Körpers nicht mehr zu verstecken.

Und da kann ich mich nicht mehr halten: zuerst zuckt mein Bauch etwas, und dann platze ich los, lache und lache, lache alles aus mir heraus; dazwischen schiebt sich die Erinnerung an meinen lächerlichen Rückzug.

Es ist so unwahrscheinlich befreiend, über sich selbst lachen zu können!

Die anderen drehen sich um, und einer nach dem anderen fängt an mitzulachen. Der Duschraum ist mit Gelächter erfüllt. Und auch als ich unter der Dusche stehe, kommen immer noch Lachwellen hoch.

Wie wohltuend ist das Wasser, das meine Scheu und Verkrampftheit endgültig wegspült und sich mit meinen Lachtränen vermischt.

Vor mir, auf einer Holzbank, hat mir jemand die neuen Kleider hingelegt. Die frische Wäsche ist angenehm auf der Haut, sie riecht nach Wind und Sonne.

Bei dem Pullover stutze ich: Das ist doch ... das ist mein Pullover, ich erkenne genau das Muster wieder, nur mit dem Unterschied, daß er neu und ganz weiß ist, und jetzt merke ich auch, daß ich meine sizilianische Hose angezogen habe, oder besser gesagt, meine neue Hose, ebenfalls in weiß.

Noch ganz in Gedanken versunken werde ich von einer Gruppe Weißgekleideter in die Mitte genommen, und wir betreten die Gaststube oder richtiger — den Festsaal.

Eine riesige Tafel in der Mitte. Viele Menschen sitzen am Tisch und unterhalten sich angeregt. Obwohl sie alle weiße Kleider tragen, habe ich nicht den Eindruck, sie seien uniformiert.

Warmes Licht überflutet mich. Staunend nehme ich Platz.

Es gibt Brot und Wein.

# Das Zugabteil

„Und der siebte Engel blies seine Posaune. Da ertönten laute Stimmen im Himmel, die riefen: ‚Nun gehört die Herrschaft über die Welt unserem Herrn und seinem Gesalbten, und sie werden herrschen in alle Ewigkeit.“
(Apk. 11,15 / Einheitsübersetzung Stuttgart 1980)

Im Zugabteil hing noch die verbrauchte Luft der letzten Fahrt, gemischt mit einem leichten Geruch von Metall. Die Frau, die als erste das Abteil betrat, kräuselte ihre Nase, ging zum Fenster und zog es mit einem Ruck herunter. Offenbar war sie erstaunt, wie leicht es ging. Sie lehnte sich hinaus und atmete genießerisch die frische Luft ein. Wie feine Nadelstiche war der Regen auf der Haut zu spüren. Die gelbe Fassade des Bahnhofs schimmerte in der einsetzenden Dämmerung wie ein riesiges, blasses Gesicht. Und die wenigen Menschen, die den Zug verließen, schienen von seinem offenen Mund verschluckt zu werden. Vorsichtig zog die Frau den Kopf zurück, knipste das Licht an und hängte ihren feuchten Regenmantel an den Haken. Dann ordnete sie ihre Haare mit ein paar raschen Handbewegungen und setzte sich an den Fensterplatz in Fahrtrichtung.

Sie war eine jener praktisch-realistischen Frauen, die immer etwas zu tun haben und zwar immer etwas Sinnvolles. Auf dem linken Revers ihres dunkelgrünen Kostüms steckte eine runde Goldbrosche mit feinen Verzierungen.

Aus ihrer Handtasche holte sie nach einer Weile ein dünnes Taschenbuch heraus und fing sofort an zu lesen.

Unmerklich setzte sich der Zug in Bewegung.

An diesem Abend schien ein besonderer Andrang auf den Bahnhöfen zu herrschen. Innerhalb einer Stunde war der Zug besetzt. Sonst war es bei solchen Nachtfahrten immer möglich gewesen, die Sitzpolster zusammenzuschieben und zu schlafen, aber diesmal standen oder saßen einige Leute sogar auf den Gängen. Die grüne Dame, die sich auf eine einsame Fahrt eingerichtet hatte, mußte ihre Lektüre mehrmals unterbrechen, um die Eintretenden kurz zu mustern.

Da öffnete zuerst ein Herr in dunkelblauem Anzug die Tür. Er hatte auf der einen Seite seine langen, weißen Haare mit kühnem Schwung über die entstehende Glatze gekämmt. Entweder kam er aus dem Urlaub oder von der Höhensonne. Er setzte sich auf den noch freien Fensterplatz.

In der Mitte zur Fahrtrichtung hatte ein junges Mädchen Platz genommen und schaute angestrengt nach draußen. Sie trug einen in allen Farben schillernden, handgestrickten Pullover und Jeans und hatte ein blasses Gesicht, umrahmt von dunkelbraunen Locken.

Fast gleichzeitig betraten ein alter, kahlköpfiger Mann und einer jener Durchschnittstypen, deren Gesicht man gleich wieder vergißt, den Raum und verteilten sich auf die Sitze an der Tür.

Ein Student, der zuerst hastig hereingeschaut hatte und weitergegangen war, kehrte nach ein paar Minuten reumütig zurück und setzte sich in die Mitte. Er blickte mürrisch um sich, stand auf und kramte ziemlich laut in einer Plastiktüte herum, aus der er ein Taschenbuch herausholte. Dann sackte er wie auf Befehl in sich zusammen und las mit hochgezogenen Augenbrauen.

Das Mädchen, das ihn zuerst neugierig betrachtet hatte, schaute jetzt dem Regen zu, der während der Fahrt gegen das Fenster klatschte und fast waagerecht die Scheibe entlanglief.

Inzwischen war es Nacht geworden, und die gelben Lichter eines Dorfes huschten vorbei wie leuchtende Vögel. Manchmal war nur das Rattern des Zuges zu hören oder das Umblättern einer Buchseite. Nebenan klappte jemand die Armlehnen hoch und runter.

Der alte Mann an der Tür war eingenickt. Er hatte seine großen Arbeitshände über der Weste gefaltet und hielt den Kopf gesenkt, das Kinn auf der Brust. Ab und zu hörte man tiefe Atemzüge. Er besaß ein derbes, ehrliches Gesicht, zu dem man Vertrauen haben konnte. Von der Knollennase ging eine scharfe Linie zu den Mundwinkeln, die ihn beinahe streng aussehen ließ. Aber die intensiven Lachfalten um die Augen milderten diese Härte.

Der Mann gegenüber versuchte zu schlafen. Er war damit beschäftigt, seinen Kopf in die richtige Schlafstellung zu bringen und drehte dabei seine imitierte Wildlederjacke an dem Haken hin und her. Zwischendurch gähnte er und bleckte dabei völlig unmotiviert seine Zähne.

Das Rattern des Zuges wurde langsamer, die Bremsen kreischten. Er hielt. Jetzt hörte man ein starkes Summen und spürte das Vibrieren des Motors, als ob er mühsam von der Weiterfahrt zurückgehalten werden mußte — wie ein stampfendes, unruhiges Pferd. Der Regen war deutlicher zu hören. Er prasselte auf das Dach.

Der alte Mann schreckte plötzlich hoch. Verwirrt schaute er um sich. Er rieb sich mit der rechten Hand das Gesicht und die Augen und fragte in die Stille hinein: „Ist die Nacht schon vorbei?"

Alle drehten sich wie auf ein Kommando zu ihm um.

„Nein!" sagte die Dame am Fenster laut. „Wir sind doch erst

eine Stunde unterwegs.“

Der alte Mann nickte bedächtig: „Eigenartig! Ich hatte das Gefühl, mindestens fünf Stunden geschlafen zu haben. Wissen Sie“, er sagte es mehr für sich, „ich habe noch nie so einen deutlichen Traum gehabt, so einen ... “, er suchte nach Worten, „so einen wirklichen Traum.“ Er mußte sich räuspern, um weiterzusprechen.

Die grüne Dame, der Student und der Herr mit der imitierten Wildlederjacke wandten sich von ihm ab. Der Traum eines alten Mannes interessierte sie nicht, oder es war ihnen peinlich, daß er einfach von sich erzählte.

Nur der weißhaarige Herr am Fenster und das Mädchen blickten ihn ermunternd an.

„Ja“, fuhr der Alte mit belegter Stimme fort, und er wurde leiser, als ob er ein Geheimnis erzählte, „es war ein farbiger Traum —mit richtigen bunten Farben. Ich war irgendwie unterwegs, mit einem Fahrzeug, ja, mit einem Pferdewagen, so wie wir ihn früher hatten. Ich höre noch das Quietschen der schlecht geschmierten Räder. Ich sitze oben auf dem Bock, halte die Zügel, und vor mir das glatte Fell des Pferdes, so ein glänzendes, rotbraunes Fell.

Wir fahren also auf einer holprigen Landstraße mit Kopfsteinpflaster — so etwas gibt es heute gar nicht mehr —, über mir ein richtiger Sommerhimmel mit kleinen Wolken. Und da höre ich hinter mir eine Stimme: ‚Heh, Albert, wohin geht die Reise?‘

Er kommt mir komisch vor, dieser Satz: ‚Wohin geht die Reise?‘ Ja, im Traum kommt mir das schon komisch vor.“

Der alte Mann schüttelt den Kopf.

„Mit dem Pferd da brachten wir damals die Heuernte ein, oder man fuhr auf den nächsten Hof oder machte sonst eine Besorgung, aber“, und er lachte dabei etwas, „‚Heh, Albert, wohin geht die Reise?‘ Mit dem Pferdewagen haben wir nie eine richtige Reise gemacht. Und ich sehe vor mir das Kopfsteinpflaster und die Wiesen rechts und links, und ich fahre und fahre den ganzen Tag, aber es fällt mir nichts ein, was ich sagen soll, und dann wache ich auf.“

In diesem Augenblick gab es einen Ruck, und der Zug setzte sich in Bewegung. Das Bahnhofsgebäude glitt langsam vorbei und verschwand dann ganz. Das Abteil spiegelte sich deutlich im Fenster.

Das Mädchen schaute mit großen Augen nach draußen.

„Da haben Sie aber einen interessanten Traum gehabt“, ließ sich der Herr im dunkelblauen Anzug vernehmen. Seine Stimme hatte einen sonoren, jovialen Klang. „Das ist ja geradezu ein klassischer Traum."

„Was für ein Traum?" fragte der Alte zurück.

„Ich meine", der Weißhaarige räusperte sich, „ich meine: ein besonders wichtiger Traum."

„Und ein sehr schöner und farbiger Traum dazu", wurde er von dem Alten belehrt.

„Dieser Traum", sagte der Herr am Fenster, „ich meine die Frage, ‚wohin geht die Reise', die an Sie gestellt wurde, ist ja eine Frage, die jeder von uns einmal beantworten muß, wenn er mit dem Leben zurechtkommen will."

Der Student schaute jetzt plötzlich von seinem Buch auf, als ob er ein Stichwort gehört hätte, senkte aber gleich wieder den Kopf und las weiter, allerdings nicht mehr ganz so konzentriert.

„Das verstehe ich nicht!" stellte der alte Bauer fest und fuhr mit vorwurfsvoller Miene fort: „Wollen Sie vielleicht sagen, ich sei mit dem Leben nicht zurechtgekommen, nur weil ich diese Frage im Traum nicht beantworten konnte?"

„Nein, natürlich nicht", beschwichtigte der andere. „Wahrscheinlich haben Sie ein Ziel für Ihr Leben, ohne genau darüber nachgedacht zu haben. Und der Traum wollte Sie dazu auffordern."

Der Bauer schaute vor sich hin und dachte darüber nach. Es wurde wieder still im Abteil. Da ließ sich aus der Ferne ein Rauschen vernehmen, das rasch näherkam.

Und dann prallte der Luftdruck eines Gegenzuges auf die Außenwände und schüttelte sie. Gelbe Lichtfetzen und verschwommene Gestalten rasten vorbei und verschwanden wieder. Unmittelbar danach warf der Wind den Regen gegen die Scheibe.

„Na, jetzt möchte ich aber nicht draußen sein", bemerkte die Frau am Fenster und schaute die nasse Scheibe an.

„Übrigens", fuhr sie fort und klappte das Buch über ihrem Zeigefinger zusammen, „was Sie da vorhin sagten", sie blickte ihr Gegenüber an, „das hat mich noch nicht überzeugt. Ich bin der Meinung, es kommt jetzt darauf an, was ich tue, auf das, was ich an einem Tag erreichen will und was wichtig ist. Die großen Ziele, das sind doch nur alles Spekulationen, die man den Dichtern oder vielleicht den Theologen überlassen sollte. Wissen Sie", und damit legte sie das Buch endgültig beiseite, „ich bin Lehrerin und unterrichte in der Grundschule, und ich bin verpflichtet, meinen Schülern Kenntnisse in Mathematik, Englisch und Biologie beizubringen. Das finde ich sinnvoll, ganz gleich wie die Zukunft aussieht."

Damit blickte sie den Weißhaarigen herausfordernd an. Der hatte bei ihren Worten wohlwollend gelächelt, und in seiner Stimme kam ein leises Lachen hoch:

„Nun, dann sind Sie an der richtigen Adresse, meine Dame, denn ich bin Theologe."

Aber ehe er noch etwas Weiteres sagen konnte, räusperte sich der Bauer in der Ecke und fragte:

„So, also Pfarrer sind Sie?" und es klang, als ob er ihn bei irgendetwas ertappt habe.

„Nein", antwortete der Gefragte und wandte sich an ihn, „wenn Sie es genau wissen wollen — ich bin Universitätsprofessor und unterwegs zu einer Gastvorlesung."

Man wußte nicht, ob sein sachlicher Ton Ärger oder Stolz ausdrückte.

„Und nun zu Ihnen, gnädige Frau — ich glaube nicht, daß man sich das so einfach machen kann, wie Sie es darstellen. Wer entscheidet denn, was gut und sinnvoll ist? Und wenn Sie als Lehrerin nicht wenigstens die Hoffnung haben, daß Ihr Unterricht eine Bedeutung hat für später, dann wird das, was Sie jetzt tun, mit der Zeit immer sinnloser werden."

„Und was ist denn nun Ihre Hoffnung, Ihr großes Ziel? Wie sieht das denn praktisch aus?" warf die Dame schnippisch ein, die sich etwas ärgerte, so von oben herab belehrt zu werden.

Der Professor schwieg. Es war ihm nicht recht, so direkt gefragt und zu einem Bekenntnis gezwungen zu werden.

„Nun, ich würde sagen", begann er vorsichtig, „daß der christliche Glaube eine gewisse Zukunft hat. Wie diese Zukunft nun aussieht, das zu beschreiben wäre vermessen. Ich kann Ihnen nur sagen, daß es eine Hoffnung gibt, die mit dem christlichen Glauben zusammenhängt und durchaus positiv ist."

Jetzt klappte der Student hörbar sein Buch zusammen und warf in ärgerlichem Ton ein: „Wenn ich das schon höre — christliche Hoffnung! Davon habe ich die Nase voll. Das erinnert mich immer an meinen Großvater, der sich im Jenseits auskannte wie in seiner Westentasche. Der wußte Bescheid, wie der Fahrplan der Zukunft ablaufen wird. Ich sehe ihn noch vor mir, wie er in seinem Sessel sitzt und mir mit näselnder Stimme etwas von einer ersten und zweiten Wiederkunft, von einer heimlichen Entrückung und einem tausendjährigen Reich vorfaselt. Danke, ich bin bedient."

„Sie wollen doch nicht behaupten", beschwerte sich der Professor, „daß meine Zukunftsvorstellungen und die Ihres Großvaters auf der gleichen Ebene liegen!"

„Ach", winkte der Student ab, „ob so oder so, diese christlichen Zukunftshoffnungen haben doch nur den Sinn, die Realität zu vernebeln. Ja, Hoffnung ist wichtig. Aber nur eine Hoffnung, die real — hier auf Erden — Fuß fassen kann. Alles andere ist Ablenkung. Eine Utopie, die die bestehenden Verhältnisse ändert: das oder gar nichts!"

Er hatte zum Schluß etwas aggressiv geredet und schaute jetzt mit verschränkten Armen durch das Fenster. Nach einem kurzen Schweigen, das nur von dem Knistern der Illustrierten, die der Mann mit der Wildlederjacke umschlug, unterbrochen wurde, nahm der Theologieprofessor den Faden wieder auf. Seine Stimme zitterte, als ob er eine innere Erregung zurückdrängen müßte:

„Wissen Sie eigentlich, daß Ihre Anschauung", er meinte wohl die des Studenten, den er aber dabei nicht ansah, „daß ihre Utopie nur eine mißratene Weiterbildung der christlichen Hoffnung ist?"

„Und wissen Sie eigentlich", entgegnete der Student, „daß Ihre Anschauung", und er betonte *Ihre*, „die Welt immer noch nicht zum Guten verändert hat?"

Der seriöse Herr, der nicht mehr ganz so gelassen wirkte, blickte den Studenten von der Seite an und sagte: „Ich glaube, es ist sinnlos, auf einer solchen Ebene weiterzusprechen." Er nahm ein Buch aus seiner Reisetasche, setzte seine Lesebrille auf und fing an zu lesen.

Der Student zuckte mit den Schultern und murmelte: „Ich habedamit nicht angefangen!" und griff wieder nach seiner Lektüre. Lange Zeit war es still.

Dann, mit einem Ächzen, kämpfte sich der alte Mann aus seiner Ecke hoch, öffnete nach mehreren Versuchen die Tür und ging den Gang entlang.

Als er wiederkam, sagte er: „Das ist ja eine abgestandene Luft hier drin. Könnten Sie wohl für einen Augenblick das Fenster öffnen?"

Der lesende Herr am Fenster schaute über seine Brille den alten

Mann an, stand auf, in der einen Hand noch das Buch, und zog das Fenster herunter.

Das Rattern wurde mit einem Mal lauter und erfüllte den Raum. Der Regen hatte spürbar nachgelassen, nur der böenartige Wind fegte am fahrenden Zug entlang, fuhr in die mühsam zurechtgemachte Ordnung der weißen Haare und blätterte das Buch der Dame am Fenster um, das auf dem Koffer lag. Auch die Wolken ließ der Wind nicht in Ruhe. Er trieb sie vor sich her, drückte sie bald zu eigenartigen Formen zusammen, bald riß er sie auseinander, so daß man durch die Wolkenlöcher die Sterne sehen konnte.

Mit einem Ruck schloß der Weißhaarige das Fenster, blieb noch einige Augenblicke davor stehen, um seine Frisur wieder kunstvoll zu ordnen und zog an den Bügelfalten die Hosenbeine etwas hoch, bevor er sich setzte. Wieder Stille!

Neben der Tür knisterte es. Der Bauer hatte eine Tüte auf seinem Schoß und holte gerade einen Apfel heraus.

„Möchte vielleicht jemand auch einen Apfel haben?" fragte er.

Schweigen! Die meisten murmelten: „Nein, danke." Nur der Student las schweigend und tat, als ob er die Frage nicht gehört habe.

Das Mädchen mit dem bunten Pullover drehte sich in seine Richtung und sagte: „Ja, gerne", und griff nach einem roten Apfel, den ihr der Alte hinhielt. Vorher hatte er ihn bedächtig an seinem Ärmel blank gerieben. Während er ihn weiterreichte, wurden seine Augen von unzähligen Lachfalten umspielt.

„Wissen Sie", sagte er und biß in den Apfel — es war nicht sicher, wen er ansprach —, „ich habe über das alles, über die ganze Sache, nachgedacht." Er kaute weiter und aß ein Stück von dem Apfel auf.

Die anderen blickten auf oder schauten fragend in seine Richtung, selbst der Student. Nur der andere Mann an der Tür döste vor sich hin und hatte sich in seine Jacke gewühlt, sein Mund war leicht geöffnet.

„Tja", begann der Alte noch einmal und fuhr mit der Zunge zwischen Zahnfleisch und Oberlippe hin und her, „alles, was ich dazu sagen kann, ist jedenfalls das, was ich auswendig gelernt habe in der Kirche, was sozusagen im Glaubensbekenntnis steht: ... *von dannen er kommen wird, zu richten die Lebenden und die*

*Toten.*" Und er fuhr fort: „Das wird wohl so sein, denn umsonst hat man das ja nicht über so viele Jahre hin gesagt, und es muß ja auch irgendjemand mal unter den ganzen Schlamassel einen Schlußstrich ziehen und ein Ende machen. Es kann doch nicht irgendwie so, so unaufgeklärt alles aufhören. — Das ist alles, was mir dazu einfällt." Und wie zur Bestätigung steckte er sich ein Stück Apfel in den Mund.

Der Student, der während dieser Worte unruhig geworden war und seine Augen mit gespielter Verzweiflung verdreht hatte, platzte los: „Unmöglich — dieser himmlische Überbau! Was soll das denn? Wo hat denn Ihr Gott den Arbeitern und Bauern geholfen, als es ihnen dreckig ging? Was ist denn das für eine Religion, die alles beim Alten läßt und nur am Ende eine Schlußabrechnung macht? Wollen Sie die Menschen zu unmündigen Kindern machen? Wenn wir die Dinge nicht selbst anpacken, tut es keiner!"

Die Sätze prasselten auf den Bauern nieder, der sich im ersten Augenblick nicht wehren konnte und auch nicht gleich alles verstand.

„Nun beruhigen Sie sich mal, junger Mann", sagte die Lehrerin und beugte sich in seine Richtung. „Ich bin ja auch Ihrer Meinung, daß wir keinen lieben Gott brauchen, der auf uns aufpaßt. Aber ich will Ihnen mal was sagen: Ihre rosaroten Vorstellungen von einer neuen Gesellschaft, Ihre Utopie, wie Sie es nennen, das ist ja, ehrlich gesagt, auch an den Haaren herbeigezogen. Das finde ich genauso unrealistisch wie einen Gott im Himmel. Nein, nein", sagte sie, und um ihren Mund spielte ein Lächeln, das man aufsetzt, wenn man den Kindern erklärt, es gäbe keinen Weihnachtsmann, „wir müssen uns schon auf die Gegenwart konzentrieren. Jeder Fluchtversuch, ob religiös oder politisch, ist verboten. Na ja", fügte sie mit einem Blick auf den Theologen hinzu, „obwohl es nicht immer einfach zu sagen ist, was nun sinnvoll ist und was nicht."

Sie machte eine Pause, weil der Student zum Reden ansetzte:

„Ich gebe ja gerne zu", hierbei fuhr er sich mit den Fingern durch die strähnigen Haare, „daß meine Utopie nicht für jeden gleich einsichtig ist. Aber es ist ja nachgewiesen, daß eine große Zukunft Menschen mobilisiert und sie anfangen, ihre Unterdrücker abzuschütteln. Und außerdem wird diese Gesellschaftsform sich sowieso auflösen. Es ist nur eine Frage der Zeit."

„Und was ist mit den Rohstoffen und Energiequellen und der

Bedrohung durch atomare Kriege?“ fragte der Professor nach einer Weile den Studenten.

„Merken Sie nicht, daß Ihr gesellschaftliches Modell längst veraltet ist? Es geht jetzt um die Frage des Überlebens der gesamten Menschheit, ganz gleich, welche Ideologien es gibt.“

„Ach, wissen Sie“, sagte die Lehrerin, „darüber mache ich mir keine Sorgen, bis jetzt haben die Menschen doch immer wieder einen Weg gefunden. Neulich habe ich im Radio gehört, daß es Möglichkeiten gibt, andere Planeten zu zerlegen, um neue Rohstoffe zu bekommen.“ Sie sagte es mit fester Stimme. Für sie war die Diskussion damit beendet.

„Aha“, lächelte der Professor halb spöttisch, „jetzt verstehe ich Ihre Unbekümmertheit, was die Zukunft anbetrifft. Sie haben sich eine heile Welt gemacht, nach dem Motto: Der Mensch wird es schon schaffen. Hoffentlich machen Sie sich da nichts vor.“

Einen Augenblick war es still. Dann räusperte sich das Mädchen mit den Locken, das die ganze Zeit das Gespräch interessiert verfolgt hatte und schaute nachdenklich auf einen Punkt an der Wand.

„Manchmal denke ich, es müßte doch schön sein, an so eine heile Welt zu glauben. So wie am Schluß eines Märchens, wenn alles zurechtgebracht wird, die vielen Tränen, die geweint worden sind; wenn die kaputten Familien wieder heil und gesund werden, und wenn die Soldatenuniformen verbrannt werden, und wenn alles, alles, auch das kleinste Ereignis, am Ende seinen Sinn und seine Erfüllung bekommen würde. Ja, und wenn“, bei diesen Worten richtete sie sich auf, „das ganze Weltall, die Planeten und fernen Welten, wenn sich das alles auf etwas Schönes, Neues zubewegen würde ...“

Sie machte eine Pause, schaute vor sich hin und betrachtete den roten Apfel in ihrer Hand.

„... und wenn es keine unheilbaren Krankheiten mehr gäbe!“ fügte sie ganz leise hinzu.

Die anderen waren bei diesen Worten ganz still geworden und wagten sich nicht zu bewegen. Der Student, der zweimal Atem holte und zum Reden ansetzen wollte, tat es dann doch nicht und schaute etwas hilflos zu Boden, was ihm gar nicht schlecht stand.

Draußen war es nicht mehr dunkel. Am Horizont konnte man einen feinen, roten Strich erkennen, und der Mond war am verblassen. Es hatte ganz aufgehört zu regnen.

Plötzlich knackte und raschelte es an der Tür. Ein Gähnen und Stöhnen war zu hören. Der Herr mit der imitierten Wildlederjacke räkelte sich in seinem Sitz, die Beine weit von sich gestreckt. Er rappelte sich mühsam auf und zog seine Jacke an. Dann öffnete er die Tür, drehte sich noch einmal um und sagte nickend:

„Also, gute Reise noch, und sehen Sie das alles nicht so verbissen." Dabei grinste er und zwinkerte mit einem Auge, und sein Gesicht sah dabei leer und unmenschlich aus.

Auf dem Bahnhof fing gerade der Betrieb an. Eine Gruppe junger Mädchen in Regenkleidung durchquerte die Unterführung und drängte sich im Gehen um eine hochgeschlossene Frau mit schwarzer Öljacke, die irgendetwas erzählte. Dann brachen alle gleichzeitig in ein übermütiges Gelächter aus und stiegen die Treppen zum Bahnsteig hoch, die mit ausgebrannten Zigarettenkippen übersät waren. Der Boden glänzte vor Nässe.

Der Theologe und der Student gingen draußen neben dem wartenden Zug auf und ab, um sich die Füße zu vertreten. Man hörte die etwas dozierende Stimme des Älteren, die von kürzeren Einwürfen des Jüngeren unterbrochen wurde. Dann redete der Student eine längere Zeit und fuhr mit der rechten Hand mehrmals durch die Luft.

Einige Meter weiter standen der alte Bauer und das Mädchen zusammen und unterhielten sich. Als sie weitergingen, sah man, daß das Mädchen leicht hinkte. Die grüne Dame war im Abteil geblieben, lehnte sich aus dem Fenster und schaute der Sonne zu, die als orangener Ball über dem Horizont schwebte. Über den Wiesen im Hintergrund lag die dicke Watte des Morgennebels. Die gepreßte Stimme des Lautsprechers befahl das Einsteigen. Weiter hinten ging unter hellem Gebimmel eine Schranke runter. Türen fielen krachend zu. Das Abteil füllte sich wieder.

Irgendetwas hatte sich verändert während der Nachtfahrt. Vielleicht war eine Art vertrautes Gefühl, eine gewisse Atmosphäre entstanden. Man merkte es daran, daß man den Blick des anderen gelassener erwidern konnte. Deswegen erschien es wie eine Störung, als plötzlich die Tür aufgerissen wurde und eine Stimme fragte:

„Ist dieser Platz noch frei?"

Alle drehten sich mit einem Ruck zur Tür und starrten den Fremden an.

Er trug ein besticktes indisches Hemd in hellen Pastelltönen über weißen Cordjeans. Seine dunklen Haare waren schulterlang, in der Mitte gescheitelt und mit einem Stirnband aus Leinen zusammengehalten. In der Hand trug er einen länglichen Koffer aus schwarzem Leder. Sein Gesicht war schwierig zu beschreiben, nicht weil es durchschnittlich war, sondern weil es nach etwas Besonderem aussah. Aber was das nun genau war, konnte keiner so richtig sagen.

„Ist dieser Platz noch frei?" fragte er zum zweiten Mal mit singender Stimme. Der Bauer löste sich als erster aus der Erstarrung und sagte etwas zu schnell für seine Art: „Ja, ja, er ist frei, er ist frei, setzen Sie sich."

Der junge Mann hob vorsichtig seinen länglichen Koffer nach oben und setzte sich.

Nachdem er nachdenklich auf den Gang geblickt hatte, wandte er sich entschlossen den anderen zu und sagte:

„Ich möchte mich Ihnen vorstellen."

Dieser Satz lenkte die ganze Aufmerksamkeit auf ihn. Der Student betrachtete ihn schräg von der Seite; sein Nachbar beugte sich etwas vor, um ihn besser sehen zu können; die beiden Frauen und der Bauer schauten ihn mit fragenden Augen an.

„Ich bin ein Engel", sagte der junge Mann — und nach einer Pause: „Ich bin gekommen, um in einer Stunde die letzte Posaune zu blasen." Er deutete nach oben auf den schwarzen Koffer. „Das Ende ist da!" Er lehnte sich zurück und sah dem Bauern freundlich in die Augen. Und jetzt war auch zu erkennen, was der Engel Besonderes an sich hatte. Er sah nicht etwa geisterhaft aus, und man hatte auch nicht den Eindruck, er sei ein leichtes, luftiges Geschöpf. Ganz im Gegenteil! Alles an ihm war sehr dicht und kompakt. Obwohl seine Kleidung gar nicht farbig war, wirkte sie kräftig und fröhlich. Seine Haare, seine Haut, seine Augen schienen lebendiger zu sein als alles Vergleichbare. Neben seiner Erscheinung wirkten andere Menschen farblos und geisterhaft. Aber wie gesagt, das fiel nicht gleich auf. Seine Gegenwart wirkte nicht gleich erdrückend, sondern die Kraft und der Glanz waren gnädig zurückgehalten.

„Das glaube ich nicht", sagte der Student herausfordernd mit einer Spur Unsicherheit.

,,Sie brauchen es auch nicht zu glauben'', sagte der Engel und blickte ihn an. ,,Ich wollte mich ja nur vorstellen.''

Darauf wußte der Student nichts mehr zu sagen und schaute nachdenklich nach draußen.

,,Wenn Sie ein Engel sind'', begann die Frau am Fenster, ,,warum haben Sie dann keine Flügel und kein langes Gewand?''

Der Engel lächelte und erwiderte nachsichtig:

,,Nun, es gibt Engel mit Flügel und ohne Flügel, genauso wie es Menschen mit Grübchen und ohne Grübchen gibt, und außerdem nehmen wir natürlich in einem solchen Fall menschliche Erscheinungsformen an — auch was die Kleidung betrifft.''

Das Mädchen, das die ganze Zeit den Engel nicht aus den Augen gelassen hatte, sagte jetzt plötzlich mit belegter Stimme:

,,Sie haben das Ende vorhin so, so normal angekündigt, fast heiter, als ob wir auf diese Nachricht gewartet hätten.''

Der Angesprochene wandte ihr sein Gesicht zu und sah sie an. Seine Augen lachten, und er erwiderte mit einer Stimme, die nur mühsam die Freude zurückhielt:

,,Aber das Ende ist doch die Erfüllung'', und nach einer kurzen Pause fügte er hinzu, ,,und haben Sie nicht Ihr ganzes Leben lang darauf gewartet?''

Das Mädchen senkte den Blick, und eine leichte Röte erfaßte ihr Gesicht, als ob der Engel ein intimes Geheimnis verraten hätte.

Der Professor räusperte sich. Man merkte, daß er sich unbehaglich fühlte.

,,Also, wir tun gerade so, als ob der junge Mann hier tatsächlich ein Engel wäre. Das ist doch lächerlich, ich bitte Sie. Ich gebe ja gerne zu, daß in der Bibel des öfteren von Engeln die Rede ist, aber da ist von leuchtenden Gestalten die Rede, die eindeutig und klar als Engel zu erkennen sind. Sie sind sozusagen Symbole hereinbrechender Transzendenz. Ich kann nur davor warnen, sich auf ein Gespräch mit diesem, diesem Herrn einzulassen. Ich hätte Sie wirklich für etwas kritischer gehalten.''

Damit lehnte er sich in seinem Sitz zurück und tauschte dabei mit dem Studenten einen Blick, der etwas Komplizenhaftes an sich hatte.

Die Strahlen der Morgensonne sahen aus wie breite, schimmernde Bänder, quer durch den Raum gespannt, und man konnte den wirbelnden Tanz der Staubteilchen darin beobachten. Das Fenster hatte leuchtende Flecken bekommen, auf denen Fingerabdrücke zu sehen waren. Draußen flogen Felder vorbei, grüne und braune Rechtecke, wie das Muster eines eigenwilligen Teppichs.

„Ich muß mich doch sehr wundern“, hörte man den jungen Mann sagen, der behauptete, ein Engel zu sein, und ein leiser Unterton von fröhlichem Spott klang in seiner Stimme, als er sich an den Theologen wandte: „Sie sind Theologieprofessor und kennen nicht die Geschichten von Abraham und Lot, die den Engeln Gastfreundschaft gewährten, von Jakobs Kampf und die ausführliche Geschichte von Tobias und dem Engel, der ihn begleitete? Und steht nicht im Neuen Testament der Satz: ‚Durch die Gastfreundschaft haben einige, ohne es zu ahnen, Engel beherbergt‘?“

„Ja, aber“, begann der Professor, „man kann doch nicht einfach diese alten Geschichten so platt in unsere Zeit übertragen. Man muß das doch irgendwie vom geschichtlichen Hintergrund her betrachten. Heute müssen wir diese Symbole mit unseren Worten ausdrücken.“

Er versuchte verzweifelt, seinen Worten Nachdruck zu verleihen, wurde aber zum Schluß immer leiser, weil ihm niemand mehr zuhörte. Der Engel war nämlich aufgestanden und holte den schwarzen, länglichen Koffer von oben herunter.

Es war ganz still. Alle sahen fast unbeweglich zu, wie er das Gepäckstück behutsam auf seinen Sitz legte und den Deckel öffnete. In schwarzem Samt eingebettet lag ein posaunenähnliches Instrument, das in der Sonne golden schimmerte. Es war ein einfaches, konisches Rohr von ungefähr einem Meter Länge mit einem mittelgroßen Schalltrichter am Ende.

„Was haben Sie vor?“ fragte der Student in die Stille hinein, und seine Stimme klang fremd und blechern.

„Ich habe es Ihnen doch schon gesagt“, erwiderte der junge Mann und holte dabei das Instrument aus der Samthülle. „Ich bin gekommen, um die letzte Posaune zu blasen, weil das Ende, oder die Erfüllung, gekommen ist.“

Die Frau am Fenster schloß die Augen und fuhr sich mit der Hand über die Stirn.

„Aber, ich verstehe nicht“, sagte der Student erregt, „warum sich Gott nun plötzlich einmischt. Wieso hat er das nicht früher getan? Er kann doch nicht einfach so von heute auf morgen alles durcheinanderbringen. Das ist unfair und ungerecht!“

,,Seien Sie vorsichtig mit Ihren Urteilen'', sagte der Engel streng. ,,Gott hat sich längst eingemischt, wie Sie das nennen. So sehr eingemischt, daß er fast daran zerbrochen wäre. Und er tut es die ganze Zeit, und Sie wissen ganz genau, daß Sie das nur nicht wahrhaben wollten. Sie haben die Augen zugemacht.''

,,Ich dreh' hier noch durch'', flüsterte der Student, ,,ich halte das nicht mehr aus'', und er stützte die Hände auf die Armlehnen, um sich zu erheben.

,,Ob Sie hier sind oder draußen, das macht jetzt keinen Unterschied mehr'', sagte der Engel, der die Posaune jetzt abwartend in beiden Händen hielt und sie betrachtete. Das Metall sah aus, als ob es vor Hitze glühte. Es schien die Sonnenstrahlen aufzusaugen.

Der Student schloß geblendet die Augen und lehnte sich verstört zurück.

Mit einer beängstigenden Langsamkeit griff der Engel nach dem Mundstück und setzte es auf die schmale Seite des Blasinstrumentes. Dann drehte er sich mit dem Rücken zur Tür, hob feierlich die Posaune hoch und führte sie an den Mund.

,,Halt!'' rief der Theologieprofessor laut, und seine Stimme klang heiser. ,,Ich verbiete Ihnen, dieses Instrument hier zu blasen. Ich habe Ihnen nun lange genug zugesehen, und es ist ungeheuerlich, wie Sie mit religiösen Dingen spielen.''

Er erhob sich zu seiner vollen Größe.

,,Sehen Sie nicht, daß diese Frau fast einer Ohnmacht nahe ist?'' Er deutete auf die Dame am Fenster, die starr geradeaus schaute und schwer atmete. ,,Geben Sie mir jetzt auf der Stelle das Instrument, sonst hole ich den Schaffner oder ziehe auf meine Verantwortung die Notbremse.''

Er streckte seine rechte Hand aus und schaute sein Gegenüber zornig an.

Der junge Mann, der bei diesen Worten die Posaune sinken ließ, betrachtete den Weißhaarigen erstaunt und reichte ihm stumm sein Blasinstrument.

Im gleichen Augenblick stieß der Theologieprofessor einen Schrei aus und zog seine Hand blitzschnell zurück.

,,Es ist ... es ist glühend heiß!'' stammelte er und preßte mit der linken Hand die Finger seiner rechten zusammen. ,,Wie ist es möglich, daß Sie das aushalten?'' fragte er unsicher.

,,Nun, ich habe es schon einmal gesagt'', entgegnete der andere, „daß ich ein Engel bin.“

Der Theologe schaute ihn mit großen Augen an, ging rückwärts zum Fenster und ließ sich schwer in seinen Sitz fallen. Immer noch preßte er seine Hände zusammen.

„Also ist es doch wahr!“ murmelte er und hielt jetzt die Hände vors Gesicht.

Ungewohnt und fremd klangen die Geräusche des Zuges in der darauffolgenden Stille, das leise Pochen der Räder, das Quietschen- einer Schiebetür.

Unverändert saß der Theologieprofessor am Fenster, die Hände vor seinem Gesicht.

Der Student schaute mit zusammengezogenen Augenbrauen auf die gegenüberliegende Wand. Das Mädchen hatte den Kopf gebeugt, als lausche es auf etwas; die Lehrerin saß aufrecht mit geschlossenen Augen und weißem Gesicht.

„Was sollen wir jetzt tun?“ fragte unvermittelt der alte Bauer mit brüchiger Stimme und blickte zu dem Engel auf, „jetzt, wo wir wissen, wohin die Reise geht?“

Der Engel, der immer noch mit dem Rücken zur Tür stand und die Posaune gesenkt hielt, antwortete, und seine Stimme klang voll und klar, wie feierliche Akkorde einer Orgel:

„Wer sich auf die Erfüllung freut, der hat das einzig Richtige getan.“

„Aber ich kann mich nicht freuen“, sagte der Student tonlos.

Der Engel schaute ihn an, und sein Gesicht leuchtete.

„Es ist so einfach“, sagte er leise, „seit der Sohn selbst Mensch wurde.“

Er schaute nach draußen, direkt in die Sonne, und sprach langsam weiter: „Wer sein Leben aufgibt um Seinetwillen, der wird es finden, und seine Freude wird vollkommen sein.“

Und nach einer Pause fügte er hinzu: „Es ist so einfach, aber es scheint für die Menschen so schwer zu sein.“

Dann richtete er sich auf, hob die Posaune hoch und blies hinein!

Zuerst hörte man nur einen leisen, summenden Ton, der aber ständig stärker und kräftiger wurde, und je lauter er wurde, desto schwächer und blasser wurde das Licht. Ein leises Zittern war zu spüren.

Die Sonnenstrahlen, die anfangs noch das Abteil erhellt hatten, verloren ihre Leuchtkraft und lösten sich auf.

Die Dämmerung setzte ein, und die Umrisse der Gegenstände verschwanden. Das einzig deutlich Wahrnehmbare war der Ton der Posaune, ein Ton, der mit Kraft geladen war. Ein schrecklicher Ton, der die Umgebung erbeben ließ, aber dann wieder lockend und rufend, und wer sich ihm überließ, der erinnerte sich plötzlich an all das, was er längst vergessen zu haben glaubte: an die Träume seiner Kindheit, an die Augenblicke der Freude und des Schmerzes.

Der Zug fuhr langsamer und hielt. Man hörte Schritte, aufgeregte Stimmten, jemand zog krachend das Fenster herunter.

Es war jetzt ganz dunkel geworden, nur noch die Posaune war zu sehen. Sie leuchtete, ohne die Umgebung zu erhellen.

Plötzlich mischte sich in den Lärm und in die Schreie der Menschen ein eigenartiges Geräusch, wie ein leises Knistern — unüberhörbar! Am schwarzen Himmel lief ein Riß von oben nach unten. Ein feiner Riß, wie ein riesiger, stillstehender Blitz, der sich ständig verbreiterte. So, als ob man eine Ansichtskarte langsam vor einer Lampe zerreißt! Das Universum wurde von einem anderen Licht überflutet und in seiner Dimension gesprengt.

Überall hörte man jetzt Stimmen uralte Worte halb singen, halb sprechen:

*Singt dem Herrn ein neues Lied!*
*Denn er tut Wunder!*
*Jauchzt dem Herrn, alle Lande!*
*Brecht in Jubel aus und spielt!*
*Spielt dem Herrn auf der Harfe,*
*auf der Harfe mit lautem Gesang!*
*Bei Trompeten- und Hörnerschall*
*jauchzt vor dem König, dem Herrn!*
*Es donnere das Meer und was es erfüllt,*
*der Erdkreis und die darauf wohnen!*
*Die Ströme sollen in die Hände klatschen*
*und die Berge allzumal jubeln*
*vor dem Antlitz des Herrn;*
*denn er kommt, die Erde zu richten.*
*Er richtet den Erdkreis gerecht*
*und die Völker nach seiner Gerechtigkeit.*

ALBRECHT GRALLE

**Verwandlung**

Taschenbuch Nr. 10 005
ISBN 3-922549-15-2
132 Seiten, DM 9,80

**Neu!**

Es fängt alles ganz harmlos an:
Simon und Arnold, zwei Brüder, kommen bei einer Wanderung an einer alten Burg vorbei und übernachten dort. Sie treffen auf eine seltsame Familie, die „von Schwarzenbachs", und erfahren bald, daß diese sich einmal im Monat, bei Vollmond, auf der Burg versammelt.

In der Vollmondnacht zieht es Simon in das „Graue Zimmer", und er entdeckt das schreckliche Geheimnis: Um einen Steintisch sitzt die ganze Familie, verwandelt in Steinfiguren. An einer Wand hängt ein Spruch:

VERWANDELT SOLLT IHR SEIN
BEI VOLLEM MOND IN KALTEN STEIN.
SICHTBAR GEMACHT, WAS IN EUCH WOHNT.
WENN IHR NICHT BALD ERWACHT,
WIRD ES FÜR IMMER SEIN!

Bald findet Simon heraus, daß er derjenige ist, der die Familie befreien soll. Dies wird ihm durch Jordan, einen geheimnisvollen Gast auf der Burg, und später durch ein Gedicht, das er am Schwarzen Brett seiner Universität entdeckt, bestätigt.

Das Abenteuer hat begonnen.
Wird er in der Lage sein, durch sein Wort den Bann zu brechen? Wird er den Namen finden, der allein Befreiung bringt?

# CLIVE STAPLES LEWIS
# PHANTASTISCHE TRILOGIE

| | | |
|---|---|---|
| Band 1 | **Jenseits des schweigenden Sterns** | |
| | 160 Seiten, Claren-Taschenbuch Nr. 10000 | DM 8,80 |
| Band 2 | **Perelandra** | |
| | 224 Seiten, Claren-Taschenbuch Nr. 10001 | DM 9,80 |
| Band 3 | **Die böse Macht** | |
| | 384 Seiten, Claren-Taschenbuch Nr. 10002 | DM 12,80 |

Diese Trilogie, die zwischen 1938 und 1945 veröffentlicht wurde, ragt aus jedem literaturgeschichtlichen Zusammenhang als etwas Eigenartiges heraus. Als erster verbindet Lewis Science fiction, Mythos und Theologie zu einem faszinierenden Ganzen. Er bietet kosmische Theologie, aber mit dichterischen Mitteln; fesselnde Handlung; grandiose Bilder des Erhabenen, des Lieblichen und des Schönen; feine Darstellung menschlicher Empfindungen; komische und tragische Situationen; eine beachtliche Neuwertung der menschlichen Sexualität; die Vergegenwärtigung des tiefsten Sinnes der Schöpfung; nicht zuletzt Satire, welche die Verirrungen des modernen Menschen dem Gelächter preisgibt. Lewis ist hier farbiger und witziger als Wells, spannender als Jules Verne, poetischer als Morris.

**VERLAG H.-W. STIER · LÜDENSCHEID**

# GISBERT KRANZ
# STUDIEN ZU C. S. LEWIS

Claren-Paperback Nr. 15002
148 Seiten, ISBN 3-922549-09-8, DM 17,80

**Gisbert Kranz,** geb. 1921 in Essen, 1939 Abitur, dann Studium der katholischen Theologie, Krieg, Kriegsgefangenschaft, 1947-50 Studium der Anglistik und Germanistik, 1950 Dr. phil., Diss. „Ernst Jüngers Symbolik", 1951 Heirat. Seit 1949 über 40 Buchveröffentlichungen (literaturwissenschaftliche Werke, Essays, Biographien, Anthologien, Gedichte). Viele seiner Arbeiten liegen in Übersetzungen vor, so in Dänemark, England, Finnland, Frankreich, Holland, Kanada, Rumänien, Schweden, Spanien, Ungarn und den USA. Dr. Kranz lebt heute als freier Schriftsteller und Privatgelehrter in Aachen.

**C. S. Lewis** (1898-1963) war Professor für englische Literatur des Mittelalters und der Renaissance an der Universität Cambridge. Er war schriftstellerisch ungeheuer aktiv und schrieb außer literaturwissenschaftlichen Werken auch Versdichtungen, Allegorien, Romane, Erzählungen, Märchen, Autobiographisches und philosophische und religiöse Essays. Die Auflagen seiner Bücher gehen z. T. in die Millionen. Sie sind in achtzehn Sprachen verbreitet. Einige wurden vertont, verfilmt, auf die Bühne gebracht und als Opern aufgeführt. Es gibt bis heute neben unzähligen Abhandlungen 46 Bücher, die sich ausschließlich mit Lewis beschäftigen. Das vorliegende Buch ist das erste über C. S. Lewis in deutscher Sprache. Außer einem Überblick über das Gesamtwerk, einer Zeittafel zu Leben und Werk und einer Bibliographie enthält es sechs Studien über zentrale Themen in Lewis' Werk.

**VERLAG H.-W. STIER · LÜDENSCHEID**

# Calvin Miller
# Der Sänger

**Ein poetisches Gleichnis**
**mit Illustrationen von Joe de Velasco**

**Claren-Dichtung Nr. 15 501**
**144 Seiten, Br, ISBN 3-922549-05-5, DM 17,80**

DER SÄNGER — ein poetisches Gleichnis in der Tradition von Lewis' Narnia-Märchen und Tolkiens Herr der Ringe — ist Calvin Millers Nacherzählung einer uralten Geschichte, deren Bedeutung für die Menschheit unvergleichlich ist.

Das vorliegende Buch ist der erste Band einer Trilogie (jedoch eine in sich abgeschlossene Geschichte) und findet seine Fortsetzung in „DAS LIED" und „DAS FINALE". Beide Bände werden in unserem Verlag erscheinen.

# Inklings-Jahrbuch
# für Literatur und Ästhetik, Bd. 1, 1983

**In Verbindung mit Hugo Dyserinck, Franz Pöggeler, Helmut Schrey und Gert Wolandt herausgegeben von Gisbert Kranz**

**Claren-Paperback Nr. 15 050**
**192 Seiten, ISBN 3-922549-50-0, DM 25,80**

*Inhalt Band 1:* Das Programm des Inklings-Jahrbuchs — Colin Hardie: „Inklings" at Oxford and at Aachen — Martin Moynihan: C. S. Lewis and the Arthurian Tradition — Jörg Splett: Der Schmerz und die Freude bei C. S. Lewis — Helmut Schrey: Von „ Paradise Lost" zu „Perelandra" — Clyde S. Kilby: Mythic and Christian Elements in Tolkien — Peter Marginter: Tolkiens Phantastik — Hans Holländer: Fr. Hechelmann illustriert George MacDonald.

**VERLAG H.-W. STIER · LÜDENSCHEID**

C. S. Lewis

**DER DUNKLE TURM**

**und andere Erzählungen**
**Claren-Paperback Nr. 15 003**
**ISBN 3-922549-13-6**
**144 Seiten, DM 18,80**

Schon lange ist es der Traum vieler, **C. S. Lewis'** unveröffentlichte und ungesammelte Fiktion in einem Band vereinigt zu sehen, der neben seine anderen phantastischen Erzählungen gestellt werden könnte. Wer diese anderen Werke in seinem Regal stehen hat, wird zusammen mit **Der dunkle Turm und andere Erzählungen** die gesamte phantastische Literatur von **C. S. Lewis** besitzen.

Die Titelgeschichte **Der dunkle Turm** ist das unterhaltsame Fragment eines weiteren interplanetarischen Romans und sollte dem Thema nach („Zeitreisen") höchstwahrscheinlich ursprünglich eine Fortsetzung von *Jenseits des schweigenden Sterns* werden.

**Der blind geborene Mann** handelt von einem Mann, der nach einer gelungenen Augenoperation zwar wieder sehen kann, aber nicht versteht, was *Licht* ist.

In der Erzählung **Im Land des Scheins** beschreibt Lewis das schockierende Erlebnis, für einen Augenblick in den Geist einer jungen Frau eingetreten zu sein und ihre Welt so zu sehen, wie sie für sie existiert.

**Hilfreiche Engel** wurde als Antwort auf einen Artikel im *Saturday Review* geschrieben, worin Robert S. Richardson die Auffassung aussprach, daß es bei einer möglichen Kolonisierung der Planeten für den Erfolg des Unternehmens erforderlich sein könnte, in regelmäßigen Abständen ein paar hübsche Mädchen auf den Mars zu schicken, um Spannungen abzubauen und die Moral zu stärken.

In seiner Weltraumtrilogie läßt Lewis Ransom fragen: „War am Ende alles, was auf Erden als Mythologie erschien, als Wirklichkeit über andere Welten verstreut?" Zum Teil war es eine Antwort auf diese Frage, die Lewis mit einem Thema für seine Erzählung **Formen unbekannter Dinge** ausstattete.

**Zehn Jahre danach** ist das Fragment einer Geschichte über Helena und Menelaos nach dem Fall Trojas. Lewis begann mit der Niederschrift im Jahr 1959, und wenn er das Werk hätte vollenden können, wäre es wohl eines seiner besten geworden.